从国家高新区迈向全球影响力的科学城之路

王玉祥 干 迪 江丽婷 全 宁◎编著

经济管理出版社
ECONOMY & MANAGEMENT PUBLISHING HOUSE

图书在版编目（CIP）数据

松山湖：从国家高新区迈向全球影响力的科学城之路/王玉祥等编著.—北京：经济管理
出版社，2023.3
ISBN 978-7-5096-8959-2

I.①松… II.①王… III.①高技术—经济开发区—经济发展—研究—东莞 IV.①F127.653

中国国家版本馆 CIP 数据核字（2023）第 041870 号

组稿编辑：申桂萍
责任编辑：申桂萍
责任印制：黄章平
责任校对：王淑卿

出版发行：经济管理出版社
　　　　　（北京市海淀区北蜂窝8号中雅大厦A座11层　100038）
网　　址：www.E-mp.com.cn
电　　话：（010）51915602
印　　刷：唐山昊达印刷有限公司
经　　销：新华书店
开　　本：720mm×1000mm/16
印　　张：13
字　　数：213千字
版　　次：2023年3月第1版　　2023年3月第1次印刷
书　　号：ISBN 978-7-5096-8959-2
定　　价：59.00元

前　言

第二次世界大战以后，随着新技术革命的发展，全球兴起了建设科学城的高潮，作为各国争夺科技和经济发展制高点的重要战略，全球前后建设了600余座各式各样的"科学城"。

20世纪80年代以来，随着改革开放和科教兴国战略的双重叠加，在学习国外科学城建设的基础上，以国家级高新区建设为代表，我国开始了高科技创新载体建设的探索。经过多年的发展，高新区已经成为我国产业、科技、人才、政策的重要高地，但也在市场化动力、自主创新能力、人才集聚能力等方面存在着较大短板，目前正处于转型的关键时期。

目前，我国许多高新区及其他创新城区均重新提出科学城建设战略，借鉴国外创新空间先进经验，走产业集群与创新集群有机结合之路是其战略选择，运用全球价值链治理与运行规则是其战术选择。东莞松山湖高新区也在2021年提出了《松山湖科学城发展总体规划（2021—2035年）》，这是国内从高新区向科学城本质回归与转型升级的典型样本。

本书前半部分系统分析了全球创新空间与创新集群发展的核心规律及典型特征，重点介绍了国家高新区建设的产业发展逻辑、路径与模式及中国"科学城"建设的背景、类型、经验与特征，为目前正在建设科学城的城市提供借鉴。

本书后半部分主要围绕松山湖高新区从无到有、从小到大的跨越式发展之路，以及未来如何打造具有全球影响力的国际科学城，重点介绍了松山湖高新区20年独特的公园新城之路、创新战略枢纽之路。同时，从产业链、创新链、全球价值链的视角，对松山湖电子信息、生物技术、机器人与智能装备、新材料、生产性服务业等产业集群的形成、发展、升级的过程进行了系统的研究。此外，本书突出对松山湖高新区内各个具有典型特征的产业载体进行了系统调研，对松山湖科学城主题园区的开发运营、创新创业环境优化、产学研一体化等核心内容进行了重点论述，给全国各地的产业地产开发运营商以经验和启示。最后，本书结合松山湖的基础与规划，以及松山湖面临的问题，从城市服务、科技引擎、产业集群等视角，探索我国的科学城如何真正形成全球影响力。

　　本书可供各级政府部门、园区管委会、产业地产开发运营商、规划设计机构、企业管理者参考，也可供地理学、经济学、管理学、城乡规划学等专业领域的师生参考。

目　录

第一章　趋势与变革：全球创新空间发展演变

第二次世界大战以来，以信息技术为主导的新技术革命浪潮席卷全球；近年来，以人工智能、大数据、云计算、智能制造、新能源乃至元宇宙为代表的新一代科技革命正在掀起新一轮的颠覆式创新变革。与新技术共生的，则是以科学城为代表的各类高技术园区，其凭借着独特的开发建设理念与组织管理形式，成为诞生新技术、新业态、新思想的创新载体。不同时期的科学城，无疑体现了与其经济、科技、文化特征相符合的时代印记。

第一节　创新空间与创新集群

一、基于创新的新产业空间

科学城的本质是产业空间，而且是以创新为根本特征的产业空间。何谓创新？从经济学的角度来看，创新是指在特定的环境，在现有的知识和物质的基础上，改进或创造新的事物并能从中获益的行为[1]。简单来说，创新就是对旧的一切事物进行更新、替代的行为。综合起来，从产业空间构建的角度，我们认为主要有以下四大创新：

1. 创新的技术

新科技革命的一个重要内容是引领产业本身的变革，如以蒸汽机的广泛使用为代表的第一次工业革命，以电力、内燃机为代表的第二次工业革命，以信息技术为代表的第三次工业革命，以及目前正在发生的，以互联网、人工智能为代表的第四次工业革命。而不同的技术，将推动产业园区呈现不同的形态。

2. 创新的业态

除了技术的变革，更重要的是业态的创新。例如，互联网经济的出现，极大地改变了整个全球经济形态。而后出现的数字经济，则进一步改变了经济形态的发展，以至于目前朝着"元宇宙"的方向进一步推动。

3. 创新的组织形式

创新不仅是一种研发活动，对于企业来说，创新意味着研发—采购—生产—仓储—销售—物流—售后—管理的供应链全流程变革，如平台型企业、"产品+服务"等多种类型企业的出现都意味着组织形式的创新。

4. 创新的空间

目前，就科学城而言，无论是产城融合的趋势、产融结合的趋势、"线上+线下"空间融合的趋势，还是零碳园区、创意园区的出现，都是一种新的空间表现形式，对应着相应的产业变革、技术变革、组织变革相适应。

因此，高科技产业空间构建是以创新为主线，将创新的技术、创新的业态、创新的组织形式融入创新的空间之中。

二、基于创新集群的科学城

相对于规模较小的高科技产业空间，如单个的孵化器、办公楼、厂房，以及一些面积较小的高科技产业园区，科学城的核心是需要形成创新的产业集群与产业生态，主要体现在以下几点：

1. 创新的集聚形式

在产业集聚经济理论中，有两种形式的集聚经济，即地方化经济和城市化经济。地方化经济是指同行业或一组密切相关的企业在地理集聚中获得的利益，城市化经济则是指企业从较大城市（往往是多样化的城市）中获得的利益。关于集聚形式是地方化经济好还是多样化经济好，结论不一。但从创新的角度，相比地方化经济或者多样化经济，最重要的是产生灵活的专业化网络和极强的内生创新能力。无论是以中小企业集聚为特征的意大利中部和东北部的艾米利亚—罗马涅大区、德国的巴登—符腾佛堡州及丹麦的日德兰半岛等，还是以城市特征为核心的纽约、伦敦、新加坡，乃至我国的北京、上海、深圳、杭州等，无不体现了这一特征。

2. 创新的区位特征

创新最主要的因素是知识，知识的类型影响了创新的类型。知识可以分为编码化知识和隐含类知识两种，编码化知识可以通过教育获得，而隐含类知识则需要通过在创新环境中交流获得。隐含类知识是一种稀缺资源，往往根植在特定区域的生产生活环境中。因此隐含类知识的交流需要在特定的空间进行，这种空间就是企业创新的区位。比如美国提出了城市创新区（Urban Innovation Region）的概念，通过建立城市中顶级锚机构（研究型高校、研究院所、三甲医院和旗舰企业等）与创新企业集聚，伴有创业公司、企业孵化器和加速器的新经济空间，包括提供便利的交通和丰富的生活服务设施，引领城市新的复兴。

3. 创新的合作机制

创新集群合作不同于一般的合作。首先，合作主体多元化，不仅有企业、政府、研究所，还有中介机构，合作的成分复杂。其次，合作行动的目标是增进集群的公共利益，发挥集体效率，降低配套成本，提高物流效率，促进知识交流与技术创新，治理环境污染等。再次，合作行动的影响因素是地方、资本与企业相互信任，而且这种信任是后天建立的，不仅基于个人关系，更重要的是包括政策、技术、文化所提供的信任。最后，从本国的政策变化到跨国公司在本地的嵌入，甚至集群的多样性等，都会对合作行动的可能性与表现形式带来影响。合作行动、信任及地方的社会资本会随着产业阶段的发展而演进。

4. 创新的竞争体系

集群是合作的代名词，也是竞争的空间组织反映。集群里竞争的概念多与迈克尔·波特关于竞争的作品相关联。迈克尔·波特在《集群和新竞争经济学》一文中阐述了在全球经济中集群区位对提高企业竞争力的作用。这反映在集群有利于靠近专业要素，有利于降低招聘过程的搜索成本，有利于从公共部门获得公共物品等方面。波特的集群理论为公司区位选择提供了新的视角。把公司布局在已有的或发展中的集群可以减少成本和增强创新潜力。波特还强调，竞争最激烈的集群对某些产业来讲，可能是最好的战略地点[2]。

5. 创新的生产网络

越来越多的生产过程被分解，围绕某种商品的生产形成跨国、跨企业的生产网络，包括全球生产网络和地方生产网络。那么，为什么领先企业要建立生产网络，而中小企业会参与呢？大型领先企业是基于竞争和降低成本的考量，中小企业在网络中能实现规模经济，且是其获得发展机会和技术的渠道。尽管企业都可以从中受益，但是全球生产网络注定是不平等的，特别是价值和权力的不平等。地方生产网络作为地方尺度的生产空间组织形态，一方面根植于当地社会经济结构中，与当地社会网络具有不可分性；另一方面又是全球生产网络的一部分。在生产网络中，一个重要的概念是"嵌入"，这对于探索全球生产网络与地域之间持久的经济耦合关系具有重要意义。在以往的研究中，将新产业区定义为柔性专业化的中小企业在一定地域范围内集聚的地方企业集群，它是密集的合作网络，嵌入当地不断创新的社会文化环境。新产业区可以被看作是柔性系统，新产业区应该是学习型区域，是具有自我调节和创新功能的创新生态系统。

第二节　创新空间的发展逻辑

迈克尔·波特以创新对国家竞争力的影响为标准，将国家经济发展阶段分为四个阶段：生产要素驱动阶段、投资驱动阶段、创新驱动阶段和财富驱动阶段。[3] 本节从驱动经济与产业发展的角度出发，将创新空间的发展逻辑重点划分为三个阶段，即要素驱动的生产要素集聚阶段、投资驱动的产业集聚阶段和创新驱动的创新发展阶段。

一、要素驱动的生产要素集聚阶段

要素驱动是指主要依靠各种生产要素的投入，如土地、资源、环境、劳动力、资本、技术等，从而促进经济增长的发展方式以及从市场对生产要素的需求中获取发展动力的方式。这是一种原始的和初级的驱动方式，适用于创新园区和科学城建设初期。新古典经济学认为，决定经济长期发展速度的三大因素是人口、自然资源、技术进步。显然，这三者都属于要素驱动的范畴，也是最直接、最迅速带动经济发展的因素。例如，我国最早的高新区建设主要依托地方建设及政府政策支持，通过土地开发加速、人才引进、环境改善等方式，将资源不断向高新区集聚，从而集聚了丰富的生产要素。

当创新园区和科学城等产业空间通过要素驱动使生产要素集聚达到一定程度时，尤其是当园区类的高新技术企业和创新产业集群已具备了一定的能力和资源时，就需要寻找新的、多元化的驱动力，尤其是通过投资驱动增强竞争力，补足短板，促进产业集聚。

二、投资驱动的产业集聚阶段

投资驱动是指当企业已经具备一定的技术能力、人力、资源等生产要素后，企业有扩大生产规模的能力和需求，企业面对市场竞争，必须要加大投资，利用规模经济降低成本，获得成本优势。由于投资驱动作用，产业内部及产业间的企业激烈竞争，不得不通过扩大规模以获得竞争优势，这一过程极大地促进了产业集聚。此外，由于产业发展的外部效应，也不得不通过投资来改善整体创业环境。因此，投资驱动发展阶段也是产业集聚阶段。

例如，我国的科技产业园区在发展到一定阶段时，会更多地通过扩大基础设施建设和物业载体建设的投资来提升吸引力；在国外，如硅谷也会通过建立风投体系以及建设大量的科技实验室来强化竞争力。

三、创新驱动的创新发展阶段

创新驱动一词最早由迈克尔·波特在《国家竞争优势》一书中提出，他认为创新驱动是创新行为对国家经济发展产生驱动作用的经济学概念[4]。一方面，其是对于创新基础设施的投入，无论是 20 世纪 90 年代美国的"信息高速公路"，还是德国的"工业 4.0"以及 2020 年中国提出的"新基建"，无疑都体现出对创新基础设施的重视；另一方面，新经济发展基本遵循创业—瞪羚—独角兽的发展路径，在空间上呈现产业生态群落的发展逻辑，更加重视扶持小微企业、草根企业，更加注重新研发、新创业、新业态和新模式。应抢抓产业爆发式增长的机遇，吸引、发现和支持瞪羚、独角兽企业发展；强化创新平台建设，包括引进平台型企业、大企业平台化转型、培育平台型企业，促进各类业态跨界融合发展，构建推动创新应用的新试验空间和新孵化平台。

第三节　全球创新体系下的创新空间演变

20 世纪中叶以来，伴随着世界新技术革命的浪潮，以高科技园区、科学城等为代表的创新空间开始发展起来，遍及欧洲、北美、亚洲等地区，并在不同时期及地域呈现出不同的发展特点。

一、全球创新空间的发展阶段

纵观世界各国创新空间的建设，总的来说可分为以下三个阶段：

阶段一：20 世纪 50 年代，美国开始注重大学与企业间的互动与联系。例如，20 世纪 40 年代末期，斯坦福大学副校长特曼教授决定将校园未开发的土地租借给一些工业公司，以便于促进大学最新科技成果商品化，"斯坦福研究公园"便由此诞生，并依托斯坦福大学，不断吸引人才与创业公司，之后逐步发展为闻名全球的"硅谷"。同一时期，在美国东海岸的马萨诸塞州波士顿 128 号公路两侧，依托麻省理工学院、哈佛大学等高校，也出现了高科技企业集聚发展的现象。此后，科学园、科学城、工业园、技术带等形形色色的高科技创新空间开始遍布全美。

阶段二：创新空间的发展成为发达国家建设的普遍形式。20 世纪 60 年代以后，随着西欧、日本经济的复兴，以及苏联战后建设的高潮，全球各地掀起一股发展科技园区、科学城的热潮。典型的包括英国剑桥科技园、日本筑波科学城、法国法兰西岛科学城、瑞典斯德哥尔摩工业园、德国慕尼黑高科技工业园、加拿大"北硅谷"等，也包括苏联建设的新西伯利亚工业城。

阶段三：创新空间的建设开始向全球蔓延。20 世纪 70~80 年代，随着以"亚洲四小龙"为代表的新兴经济体崛起，以及拉美和中国等地进入高速发展阶段，创新空间开始遍布全球，包括韩国大德研发特区、新加坡裕廊工业区、印度班加罗尔科技园以及巴西坎皮纳斯科技城等。此外，从 20 世纪 80 年代开始，国内的大学科技园区迅速发展，上海张江科技园、北京中关村科技园、合肥高新区等依托本地顶尖高校，集聚高端创新资源，打造具有国际水准的高科技创新园区。自此，中国也开始出现了创新空间的建设高潮（见图 1-1）。

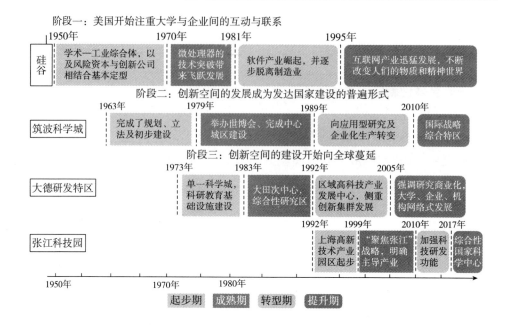

图 1-1　科学城发展阶段

资料来源：笔者绘制。

在近半个世纪的发展过程中，国内外对于这些创新空间的定义尚没有统一标准，名称也不尽相同，除了前面提到的科学城，还有研究园、技术园、科学园等名称，但在我国，一般称之为"科学城"或"科技城"。

一般来说，相较于其他类型的创新产业空间，科学城较为注重提升创新策源能力，以基础研究、原始创新为核心任务，其发展更加依托于国家大科学装置、国际一流院校与科研院所、国家（重点）实验室等前端科学研究力量。

科学城的特点主要体现在以下五个方面：一是注重构建创新生态系统，推动科研机构、大学、政府、企业、风投机构等创新要素形成关系网络，有效促进科研成果的转移转化；二是人口规模适度，一般规划人口总数在 70 万以内；三是与市中心距离不远，一般在 15~30 千米；四是城市功能较为完备，已建成或在建住宅区、学校、医院、商业综合体等配套设施；五是生态环境较好，具备自然景观、生态公园、绿色廊道等。

总体来说，科学城以"城—人—科—产"协同发展为特征，已成为新时期我国科技创新的重要载体。

目前，全球各类科学城已经超过 600 座，其中美国斯坦福科学城（"硅谷"）、俄罗斯新西伯利亚科学城、日本筑波科学城、韩国大德科学城、德国阿德勒斯霍夫科学城、丹麦哥本哈根科学城等赫赫有名，都在全球产生了广泛影响，成为各地研究和借鉴的对象。

二、全球创新空间的类型划分

从"二战"后全球创新空间的发展来看，大致可划分为三个阶段，每一阶段的发展特征和发展形态各有不同。

1. 早期：以纯科学理论探索研究为主的独立卫星城形态阶段

这一时期，科学城建立的主要目的是围绕本国重大前沿科学发展需求，集聚顶尖科学力量，开展联合科学攻关，提升国家综合科学研究实力。

代表性的有苏联新希伯利亚科学城和日本筑波科学城。新希伯利亚科学城是世界上第一个以科学城命名的城市，位于俄罗斯第三大城市新希伯利亚，距新希伯利亚市中心约 30 千米，始建于 20 世纪 50 年代末，现以俄罗斯科学院西伯利亚分院和数十家科研院所为依托，一度集中了全国各领域优秀的科学家，被西方称为"苏联的麻省理工学院"。筑波科学城位于日本茨城县筑波市，约有 19 万人口和大约 300 家国家和私人研究机构，是日本最大的知识和学术密集型城市。

2. 中期：以高科技产业促进为重点的产业开发区形态阶段

这一时期的科学城建设与世界第三次科技创新浪潮有密切关系。在发达国家加速推进科技创新的动力驱使下，科技创新与工业制造融合得更为紧密。科学城建设的主要目的是发挥科技的内生增长力量，助推高科技产业化市场化应用，促进产品迭代升级。

代表性的有欧洲和新加坡等国家和地区的科学城。建成于 20 世纪 80 年代初的新加坡科学城，距新加坡市中心约 8 千米，占地 1.08 平方千米，有 40 余家科技型公司，科研人员 1 万余名，主要从事微生物科技、微电子学、机器人等方面的研究开发工作，是亚洲著名的高科技产业集聚区。同时，德国慕尼黑科学城和苏格兰科学城，也是本国电子信息产业科技中心，慕尼黑科学城是德国电子和微电子及机电等方面的研究开发中心，集聚了激光技术、纳米技术、生物技术等高科技；苏格兰科学城是英国高科技产业中心，生产了英国 80% 以上的集成电路和 50% 以上的计算机及软件产品。

3. 现代："产城研教"融合发展的创新型新城形态阶段

这一阶段所创建的科学城主要分布于我国直辖市、国家中心城市和一些省会城市。这些科学城大多以原创性基础性科学研究为基础，以高科技产业发展为支撑，以高质量城市建设为载体，在强调基础创新的同时，还着力推进科技、产业、城市、教育、金融、商业等在空间高度融合发展，是城市科技创新高地、高新产业集聚区和宜居创业城区。

代表性的有北京海淀区的中关村科学城、昌平区的未来科学城和怀柔区的怀柔科学城，上海的张江科学城，以及广州、东莞、武汉、成都、合肥和杭州等城市的科学城。

三、全球创新空间的主要功能

1. 通过集聚效应提升科技创新能力

大学、科研机构、企业乃至政府在一定区域内的集聚，有利于科技成果的交流、协作与产业化，同时也有利于科技资源的共享，从而提升整个区域的科技创新能力。

例如，筑波科学城集中了日本 30% 的科研机构，法兰西岛科学城则集中了法国 60% 的大学和 43% 的研究机构。

2. 通过带动效应提升产业发展能力

科技是第一生产力，科技的发展最终会带动产业的发展与变革。以硅谷为例，硅谷形成了强大的创新能力、完善的制造体系以及与之相匹配的科技服务体系，在 20 千米半径范围内形成了"技术创新＋成果转化＋规模生产"的完善体系。

从产业发展来看，硅谷成功把握了从晶体管、集成电路、个人电脑、互联网到线上服务等几乎每个时代的技术浪潮，目前已经实现了产业的多元化发展（见图 1-2）。

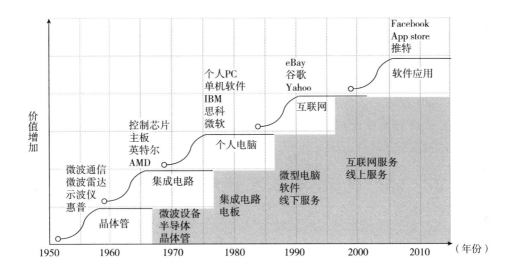

图 1-2　硅谷产业发展路径

资料来源：笔者绘制。

3. 通过带动效应发展区域经济

以欧洲的科学城为例，欧洲的科学城既包括全新建设的科学城，也包括现有城市向科学城型城市的转型。政府在各类科学城的发展中发挥了更大的引导作用，创新驱动发展主要体现在提升大学的创新源作用，促进本地知识基础上的产业集群发展，鼓励中小企业创业，实现多样化的产业发展，发挥创新场所的作用，培育地方创意社区等方面。

而北美的科学城主要通过促进大学、研究机构、企业和政府等不同主体的合作，加强研发力量，促进中小企业的产生和吸引技术人才，实现创新驱动发展。其中创新环境和开放包容的文化对科学城实现创新驱动发展影响较大。

亚洲的科学城更多体现为依靠行政力量集聚研发和创新资源，多采用全新建设的方式推进。大多数科学城在发展初期对市场和产业关注不足，没有达到预想的创新活力。但部分科学城在发展后期，依靠更多的主体间合作、企业间互动和学习网络、持续的技术转移、高技术基础设施的发展等，实现了创新驱动发展的态势。

四、全球创新空间的典型案例

1. 美国硅谷

硅谷位于西海岸加利福尼亚州中部的旧金山湾附近，是高科技企业云集的圣塔克拉拉谷（Santa Clara Valley）的别称。

硅谷之所以成为世界顶尖的科学城，离不开它自身良好的发展模式，硅谷科技治理的经验可以归结为以下四点[8]：

（1）会聚全球顶级人才。

硅谷拥有加州大学伯克利分校和斯坦福大学两所世界名校和几十所专业院校，为硅谷源源不断地提供工程、科学、金融等领域的高端人才并创造出大量科技创新成果。首先，硅谷周边有诸多的大学和科研机构，这就为硅谷的企业提供了丰富的研究基础。例如，斯坦福大学这类的学校就为各企业提供了世界上最前沿的科学技术支持，推动着整个美国行业创新发展，引领着世界科技的创新。其次，诸多的学校也为当地的企业培养了大批优秀的人才，并且硅谷自身的产业环境使得优秀的毕业生更愿意留在硅谷的企业继续工作，形成了良性的循环系统。同时，在硅谷还有着以创新为目的的产业体系，可以称之为"创新联盟"。这个"创新联盟"包含公司、科研机构和大学、地方与联邦政府、各种协会组织和某些供应商等诸多市场主体，各个市场主体间既有激烈的竞争，又存在相互的交流联系。通过不断的信息交流、人才交流形成了硅谷的无形资本。

（2）形成完善的科技创新服务体系。

硅谷拥有全美35%左右的创业资本公司为创新创业公司提供资金支持，同时还拥有专业的科技中介服务机构，贯穿于研发到产业化的各个环节。

（3）营造富有活力的创新文化。

宽容失败、鼓励冒险、平等开放、崇尚竞争的硅谷文化极大地激发了人们的创新热情，为硅谷企业注入了活力和创造力。硅谷文化是一种区域文化，它是在40多年的发展历程中通过多国多民族移民带入的多国文化的交融，凝结成了一种新型的、充满生机和活力的创新文化。正是这种文化，推动了硅谷地区经济社会的高速发展，形成了独特的硅谷模式，这是先进的创新文化对现实社会产生深刻影响的一个鲜活实例。硅谷文化不可能完全移植，但可以借鉴。

（4）构建完善的政策和法律体系。

政府在知识产权、移民、税收和科技成果转化等方面均制定了完善的政策和法律体系，为科技创新保驾护航。

美国建立了一套完善的鼓励创新、保护创新的法律体系，包括《专利法》《商标法》《版权法》《反不正当竞争法》等，除联邦政府层面的法律外，加州政府还专门出台政策，推动硅谷的创新发展。

总体来看，硅谷的成功要素主要包括以下几点：风险资本、有经验的企业家、技术熟练工人群体、靠近市场、靠近大学、政府优惠政策、相对容易获得的土地资源、交通便捷、思想解放、繁荣的服务业以及优美的生活环境（见图1-3）。

2. 北卡罗来纳州三角研究园

谈到科技园区，不少人会自然而然地想到硅谷，其实，北卡罗来纳州三角研究园，因为其规模与政府主导因素，也值得我们借鉴。

三角研究园是卡罗来纳州政府为改变本地区的落后面貌，作为一项经济发展计划开始创建的。此后，卡罗来纳州依靠北卡罗来纳州三角研究园从一个以农业和传统制造业为主的地区，成功完成了向高新技术产业的转轨。它成功的秘诀在于以下几点：

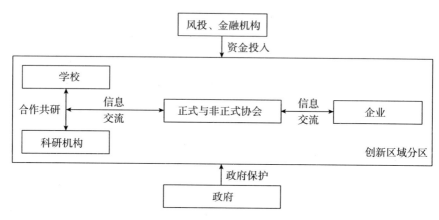

图 1-3 硅谷的发展体系

资料来源：《城市观察》。

（1）大学锚点。

北卡罗来纳州三角研究园坐落在美国东海岸北卡罗来纳州充满活力的研究三角科技园（Research Triangle Rark，RTP）的核心地带。

北卡罗来纳州三角研究园最大的优势就是它丰富且坚实可靠的教育资源，这些教育资源成为该研究园招商引资重要的无形资产，成为持续其创新的奠基石。杜克大学、北卡罗来纳州立大学以及北卡罗来纳大学教堂山分校是全美顶尖的大学，以三所大学为主带动了一个完善的创新产业集群。不断的创新使以农业经济为主的三角研究园逐步发展成为以电子信息、生物制药等为主的新兴产业集群，其主要的发展核心就是不断地以市场为导向进行科技成果转化。

三角科技园产业集群的发展与区内大学关系密切，其重点产业方向与园区内三所标志性大学（杜克大学、北卡罗来纳大学教堂山分校、北卡罗来纳州立大学）的研究优势相契合。产业包括生命科学（45%）、信息技术（17%）、专业商业服务（11%）、清洁能源（3%）、教育机构（2%）等。

三所大学根据实际的市场需求进行科学研究，根据企业和市场实际的未来发展需要进行攻关，企业研发出的科研成果交由研发机构进行开发，开发成功的产品迅速交予相关企业投放市场形成相应的高科技产品，形成了完整的"产—学—研"相结合的"北卡模式"（见图1-4）。这种合作模式不仅研发周期短、研发效率高，同时将高科技成果的转化效率最大化。这种模式避免了科学家不了解市场而出现的闭门造车行为，使得科学家始终走在市场的前沿，也避免了企业有了实际需求但无处实现的麻烦，这也使北卡罗来纳州三角科学园的企业能够尽快走出产品创新停滞困境。

图1-4　北卡罗来纳州三角科学园科技成果转化过程

资料来源：笔者绘制。

（2）政府的关键性作用。

作为北卡罗来纳州摆脱20世纪50年代落后产业结构的核心项目，三角研究园的发展历程中，政府起到了关键作用，为大学及入驻企业提供了极大支持。

园区最初的建设投资主要来自联邦政府与北卡罗来纳州政府，北卡罗来纳州政府对园区附近的大学，园区内的基础设施、孵化器、非营利机构等进行了大量的投入（见表1-1）。北卡罗来纳州政府除了是北卡罗来纳州立大学的研发经费提供者外，对非州立的杜克大学、北卡罗来纳大学教堂山分校也进行了大量的资助。

表1-1　2008年北卡罗来纳州政府对三所大学的资助情况　单位：美元

资助项目	北卡罗来纳州立大学	杜克大学	北卡罗来纳大学教堂山分校
研发总经费	254254000	282388000	235296000
联邦政府经费	79533000	172532000	171505000
地方政府经费	88497000	6233000	29691000

松山湖：从国家高新区迈向全球影响力的科学城之路

续表

资助项目	北卡罗来纳州立大学	杜克大学	北卡罗来纳大学教堂山分校
企业资助	31429000	65114000	4860000
其他	5479500	38509000	29240000

资料来源：TOP 创新区研究院。

北卡罗来纳州政府为入驻园区的企业提供 10 万~50 万美元的低息贷款，贷款的期限长达 7 年，贷款年利率仅为政府债券利率的一半或为固定的 5%。为帮助一些新创小型科研机构开展业务，政府下属的小企业管理局还向在园内开业的小企业提供贷款担保及其他金融业务。

政府、企业、高校联合治理的"北卡模式"不仅仅依靠园区独有的高科技成果转化率，更加关键的是政府、大学和企业之间的联合管理和共同治理。如图 1-5 所示，三角研究园的管理模式主要是以三角研究基金会为主体，基金会理事分别由政府、高校、企业等各方代表组成，主要负责园区的发展建设、设施维护与管理等工作，以良好的园区环境吸引和留住企业。三角基金会为政府、高校、企业提供了一个良好的沟通平台，共享信息、规划研究三角研究园的未来发展。这种管理模式，首先可以保障园区有稳定的科技创新环境，明确各方未来发展和研究方向，又给予园区内部公司和高校很大的自治权，为高校与企业的自由合作提供平台、扫清障碍。

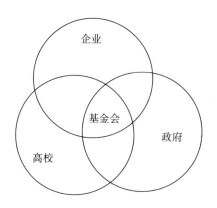

图 1-5　三角研究基金会构成

资料来源：笔者绘制。

在三角研究园的发展过程中，政府发挥着保障和引导作用。在科研方面，北卡罗来纳州政府相继成立了北卡罗来纳电子中心、科学和技术研究中心、生物技术中心等科研机构。在政策方面，政府为了促进三角研究园的发展壮大，发布了特定的税收减免政策并制订了适量赠款计划，用以促进个人投资和增加创业机会，同时在企业生产成本、人员供给和基础设施保障等方面给予大量的资金和政策保障。

（3）形成以孵化器为代表的运营体系。

三角研究园共有6个孵化器，其中最为核心的是由三角研究园基金会所创立的园区研究中心。园区研究中心拥有13幢建筑，这里是创业阶段的高技术公司集中的地区，园区研究中心的租金优势明显，此外，还提供综合性的各类配套设施及行政服务支援。

园区内以"园区研究中心"为代表的孵化器经验丰富、运作成熟，促进园内创业企业不断发展。

在园内众多经验丰富、运作成熟的孵化器的支援之下，三角研究园的创业企业持续发展，成为带动园区创新发展乃至地区产业升级发展的重要力量。

3. 日本筑波科学城

作为日本的国家战略目标城市，筑波市的建设投入了整个日本自明治时期以来积累的所有城市规划建设经验和智慧，筑波的建设历史也是整个日本城市规划建设历史和发展过程的一个缩影。其科技治理经验如下：

（1）高起点规划科学城的功能布局。

围绕纳米和半导体、新材料、宇宙科学、环境科学、新能源等优势领域，高起点的规划明确了筑波科学城作为卫星城和科学城的功能定位，并根据规划制定详尽具体的措施，保证科学城的良好运行。

（2）多元化的产学研创新体系。

逐步形成多元化产学研创新体系，提高研究成果转化率，从相对封闭逐渐走向开放和国际化。1996年日本制定了《科学技术基本规划》，将筑波科学城定位为信息、研究、交流的核心位置，并致力于筑波科学城的转型与再发展。2001年国家级研究机构均转型为独立的管理机构，健全了机构的创新机制，消除了国有科研机构的制度惰性。

一方面，在新的管理制度与科技政策的支持下，科研机构拥有了更多的自主权，提高了筑波科学城内部研究开发活动的层次，积极研发先进技术，推动了技术的产业化应用，加速了科技成果的转化和扩散。另一方面，科学研究、技术创新的成果通过不同形式向社会各界开放。每年的4月下旬，筑波的许多研究所分批开放，设展览厅欢迎公众参观。同时，每年通过在筑波举办国际科技博览会、国有研究机构成果展示会、科学技术周等活动，向社会各界尤其是向企业展示最新成果。

（3）建立产学官相结合、以枢纽型机构为核心的开放共享创新体系。

为提高科技政策综合协调能力，筑波科学城建立起了官、产、学相结合的先导性研究项目。日本大力推动筑波科研机构的市场化，积极引入市场机制的调节作用，这些独立行政法人改革为筑波管理模式转变提供了制度保证，促使科技成果由"体制内"流向"体制外"，为进一步的产学研合作奠定了基础。政府重点支持大学和科研机构成立科技中介机构——技术许可组织，接受大学及研究者个人委托，为大学科研成果申请专利，进行技术营销，实施技术转移，有效地转变了筑波发展的模式，促进了政府、产业界和学术机构之间的相互影响，促使许多著名公司在筑波设立研究中心，带动了新技术的开发和新兴产业的发展（见图1-6）。

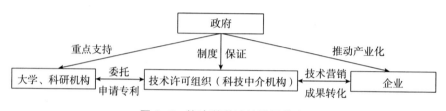

图1-6 筑波科学城的发展模式

资料来源：笔者绘制。

日本筑波科学城虽然取得了巨大的建设成就，但其发展之路也经历了明显的挫折。在日本，无论是科学界、产业界还是政府层面，对其的质疑声从未间断。这是同类科学城建设中值得参考借鉴的经验教训。从发展来看，其核心问题在于科技产业化不足以及科学城的人气不足两大方面。

　　在科技产业化层面，发展科学技术是筑波的最大优势与特色，也是筑波作为国家级科学城的根本使命。但是筑波科学城自建立以来，其科技的产业化程度远远配不上科研要素的配置量级，掣肘到底在哪里？

　　一是制度僵化，市场化不足。筑波科学城是一个完全由国家主导的科学园区项目。这种政府主导的方式，在建设初期，具有快速调动资源和快速建设起步的巨大优势，但在建成后运转的过程中，过度的政府干预会降低科学技术的活跃度与产出效益。科学技术的生产与溢出，本就是有序中带着无序、在合理机制下高度碰撞和试错的一个过程，这个过程只有蓝本，没有范本。过度的程式化只会消磨科学产出的效率。机制的僵化还表现为缺乏市场化导向。在相关法律的支持下，日本政府不仅出资建设科学城，而且还出资补贴科研机构的研发，可以说是最主要的技术投资人。然而，一方面国家机构的科研成果由国家政府支配，另一方面民营企业研究机构的科研成果是为自身使用的，再加上缺少对科技市场化的协调、激励机制，这就导致科学城内看似机构规模庞大，但是各自为战，互不相通，始终不能激活技术市场化、产业化的活力。

　　二是科技产业发展缓慢、不够聚集。首先是投入产出比不平衡。筑波科学城发展至今约60年，日本投入的建设预算已超3万亿日元（约1700亿元人民币）——在20世纪，每年近四成的国家科学投资用在了筑波科学城，还有超三成国家科研人员在筑波工作，这是非常惊人的投入量。其次是科研资源利用率低。筑波科学城拥有巨量的国家科研资源，却远没有发挥出相应的产出效果。

　　三是缺乏科学应用环境。首先，科学之城却难见科学的踪影。筑波科学城的初衷是打造一座处处体现前沿科学元素、生活中也能处处体现科学主题的城市。但是集合了一众高等级科研机构、会聚了多位诺贝尔奖获得者的筑波科学城，市民的普遍感受却是很难在城市生活中找到科学元素的显著影响。其次，也是更严重的是应用场景上的不足。科学技术的研发，其最终落脚点是应用，应用无外乎政府需求及社会市场化需求两类。然而筑波科学城却难以留下技术，一方面是由于其自身体量小、市场化机制不够灵活；另一方面是因为东京巨大的市场虹吸效应所造成的。

在科学城人气聚集层面，为何筑波的人气会如此不足？

一是生活单调乏味，人口增长乏力。筑波的生活有多么令人感到乏味？建设初期的周末返京潮是一大表征。由于建设初期的重点主要集中于公务员宿舍以及机构的迁移上，而当地居民的日常消费、休闲、交往等生活需求则长期被忽视。造成这种局面的原因首先就是人口的不足。筑波前期增加的人口中，科研人员和学生是绝对主力。而按照预期计算，筑波将会迁入 20500 名科研工作者，大学生将有 18600 人，合计将达 39100 人。然而人口的增加并不是一蹴而就的，初期的几千人口无法刺激商业、休闲设施快速发展。其次在发展初期，生活的不便和交通的困难，致使长期以来筑波的人口增长缓慢。

二是城市布局分散，缺乏强中心。由于筑波城市核心区（研究学园地区）的土地为国有土地和收购土地组合而成，虽然尽力连片，但依然非常破碎。过于分散的双中心结构和极不平衡的狭长形状，都不利于人气的聚集。

三是启动缓慢，错过城市扩张黄金期。其实前面所提到的生活设施建设慢、人口不足等问题，在某种程度上也与新城启动前准备时间过长、延误了最佳建设时间有一定关系。大规模的新城建设，往往会集中爆发于一个国家工业化与城市化进展最快速的时期，这段时期也是经济增长最巅峰的时期。一旦错过这个窗口期，则步履维艰。

经历如此多的挫折与教训，进入 21 世纪后，筑波开启了一系列的城市优化提升改革，不仅针对科学方面的僵化问题改进了制度，也对城市配套进行了持续的完善升级。

4. 法国格勒诺布尔科学中心

法国格勒诺布尔科学中心依托其在微电子、材料科学、核能和计算机科学等领域取得的重大突破，被誉为"欧洲的硅谷"。作为全球知名的科学中心，格勒诺布尔科学中心不仅在基础研究方面的经验值得借鉴，在科技成果产业化模式方面也值得学习。

（1）政府战略定位清晰，国家意志贯彻到位。

在格勒诺布尔区域创新能力逆袭的背后，是法国国家意志和战略需求的实现。"二战"后，法国将民用核能、航空航天、电子通信等列为战略性重点发展领域。围绕以上目标，法国政府对全法科研布局和资源进行统一规划和配置。格勒诺布尔科学中心在20世纪50年代的迅速崛起折射出法国在民用核能研究和信息技术领域清晰的发展思路以及迫切的战略需求，也客观反映了当时法国政府对打造格勒前沿技术创新园的巨大决心和举国体制保障。

（2）聚焦基础科学，保持战略定力。

格勒诺布尔科学中心近70年的发展历程充分说明，打造具有全球影响力的科学城绝非一蹴而就的突击性任务，而是一项长期、复杂、系统的潜心培育过程。高通量核反应堆（RHF）、欧洲同步辐射光源（ESRF）等高水平大科学装置集群的建设奠定了格勒诺布尔在基础研究方面的超强实力，科学家们在ESRF方面取得的科研成果几乎见诸每期的 *Science* 和 *Nature*。

（3）跨机构协同创新体系完善。

格勒科学中心的成功一方面得益于法国开放自由的科研组织模式，另一方面得益于格勒产业界与研究部门、高等院校在创新链上互补互利的契约化合作传统，将企业的研发内需与高校和研究部门的成果转化紧密结合。

（4）坚持开放创新，打造国家化创新氛围。

劳厄—朗之万中子研究所、欧洲同步辐射光源、欧洲分子生物学实验室等全球一流的国际大科学装置为格勒诺布尔科学中心成为具有全球影响力的科创中心发挥了基础平台作用。大科学装置群所营造的国际化多元创新氛围、每年数以万计活跃在全球科技发展最前沿的一流人才及其彼此之间的思想碰撞，不断为格勒诺布尔科学中心高水平发展补充新鲜血液。

5. 新加坡纬壹科技城

为了更好地培育知识型产业，2000 年，新加坡政府提出"集工作、学习、生活、休闲于一体"的活力社群概念，发展知识密集型产业，打造综合产业平台，"产城一体化"的纬壹科技城就此开始兴建。纬壹科技城的发展定位如图 1-7 所示。

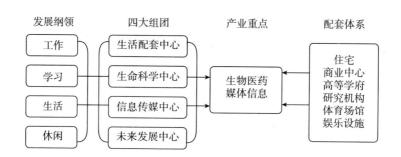

图 1-7　纬壹科技城发展定位

资料来源：笔者绘制。

这样一个汇集科研精英和创新创业人才的科技平台进一步促进了新加坡科技管理体系的完善和集中，促进了科研设备更新换代、科学管理和共享服务的现代化，特别是借此把各类科技人才、科研专家和企业家都集中在一起，为他们提供方便舒适的生活、工作、交流和娱乐的空间的新园区建设理念，代表了一种全新的模式。其科技治理经验如下：

（1）完善的产业平台。

纬壹科技城是一个跨学科、跨领域、跨国界的研究平台，不仅可以吸引世界一流的科研院所、人才和跨国公司前来合作或落户，而且可以推动本国科研人员与企业合作研发，加速科研成果的商业化。新加坡已经基本形成了一个完善的、先进的科技平台，特别是新加坡政府科技管理组织体系完善，且集中于纬壹科技城内。在这个平台中，企业、政府公共部门、各类公共私人研发机构和风投基金等扮演着各自的角色，从不同角度支持和推动新加坡科研界与工业界的合作、研发和商业化。

（2）颇具特色的建筑规划空间形态。

纬壹科技城的规划特色是土地集约利用，通过节能、环保和绿化打造友好型生态环境，集工作、生活、学习、娱乐于一体，科研、艺术与商业活动相得益彰，如地下变电站、区域供冷系统、太阳能利用等，规划同时具有一定的弹性空间。

建筑设计贯穿着可持续发展的设计理念，也充分考虑特殊产业的需求。如启奥园以生命科学研发为主，须考虑实验室的安全特殊设计，同时也要协调相关设施，达到整合利用的高效。启奥园一期的 7 栋高密度建筑之间都通过天桥连接起来，这也体现了建筑群的整体性。而启汇园以信息科技业为主，对信息系统、宽带网络等的要求较高。建筑设计也考虑了配套服务设施的需求，并强调建筑体的联系。

（3）政府、政企和私企的密切合作。

纬壹科技城是产业项目新开发模式中政企合作的典范。该项目是由政府主导的国家重点项目，由新加坡政府委托裕廊集团负责从前期的规划、开发到建设和后期的管理。以往同类项目基本上都是由裕廊集团负责全面开发，私人企业或参与其中一小部分的开发，且基本上一个项目建设完毕后才开始第二个项目的建设。

纬壹科技城的开发突破了以往的惯例，是由裕廊集团主要负责整体规划和项目启动建设及各产业组团一期建设，同时引入私人发展商参与各产业组团分期和配套设施的开发和建设。这个策略的实施起到了很好的效果。

6. 德国阿德勒斯霍夫科学城

阿德勒斯霍夫科学城位于德国首都柏林，是德国最大、欧洲第四的科技园，是德国最成功的高科技产业园区之一，也是柏林最著名的媒体城，形成涵盖基础研究、概念与原型开发、产品设计、实验验证以及市场推广等完整的产学研链条。此外，阿德勒斯霍夫科学城还是全球最大的 15 个工业园区之一、欧洲最大的综合性一体化技术园区、欧洲最现代化的科技园等。

那么，阿德勒斯霍夫科学城成功的秘诀是什么？有什么经验可供借鉴呢？

（1）政府引导，统一规划、统一开发、统一运营。

一是一二三级联动综合开发。设立有柏林州联邦政府控股的科学城开发集团 WISTA 公司，并设立一二级开发公司、三级资产运营与产业服务公司（产业服务）和三级产业创新创业公司（产业经营）（见图 1-8）。WISTA 公司采取自建或租赁的方式，推进科技园和孵化器的开发建设并全面负责经营管理，通过全面的服务体系吸引企业入驻，同时收取一定的费用以维持自身的运转。

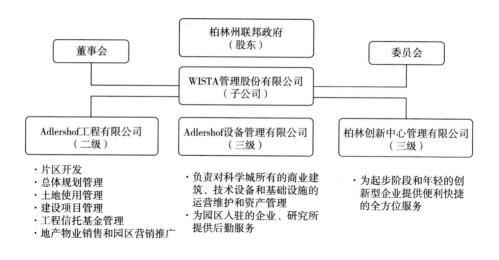

图 1-8　阿德勒斯霍夫科学城的开发模式

资料来源：佰思社。

二是精耕细作，新开与旧改结合，合理安排开发时序，适当留白。园区从 1991 年正式启动以来，在东北部、东南部、西南部还有大量未开发用地，同时在核心区开发的同时，对北部工业园区的老工业厂房进行适当旧改，更新换代。

（2）产学研一体，共生协同，打造内生性创新园区。

鼓励和支持园内学校、科研机构与企业之间的互动和联系，构建强劲的产—学—研产业链条。大学及科研机构在企业生产车间内都设有实验室，科研人员与工程师形成研发团队，共同攻关，实验室的新技术可马上在生产线上检验应用，提高技术转化效率。同时设立多个科创中心、技术中心等，形成内生性科技创新生态。

（3）自然融合、产城一体，打造工作、生活、休闲一体化园区。

一是便捷的综合交通网络。紧邻阿德勒斯霍夫站（30分钟到达市中心），直达柏林市中心和柏林舍内费尔德机场（10分钟车程）。内外联动，形成"轨交+有轨电车+公交"的园区综合交通网络体系。

二是"广场—公园—运动场"开放式生态休闲空间。科学城内布局有国家公园（约900亩）和网球场，其中国家公园在原约翰内斯塔尔机场原址上建设，包括运动活力区、自然景观区、自然保护区三个功能区。

三是"别墅—公寓—酒店"多层次居住生活空间。依托国家公园和洪堡大学布局"公园社区"和"学院社区"两大社区，学院社区占地270亩，建设有19个小型社区，以公寓为主。其中，未来生活社区（12号）融入智慧化设施系统，供单身、夫妻、家庭及学生等租赁。科学城内分布有4家酒店，其中学院酒店在建。

四是"餐饮—购物—文化—医疗"系统化生活服务配套。分散布局、与商业结合，布局有图书馆、餐厅、咖啡馆、药店、诊所等生活设施，并且有着完善的商业和生活配套设施，包括430家商业企业如宾馆、饭店等。

（4）生态智慧，注重绿色可持续，并与产业高效互动。

一是从规划先期确立生态智慧发展方向。从棕色地块修复（场地原先有约1/3存在工业污染）出发，用约10年的时间，改善区域生态环境质量。园区将生态友好、绿色能源利用、绿色建筑、慢性交通系统、电动汽车和低冲击开发（海绵城市）等落实到园区实际建设之中。

二是以低/零能耗建筑作为园区建设的主体。所有新建建筑执行德国绿色建筑标准，并随开发推进，新建建筑节能目标不断提高，从节能50%，以10%为阶梯逐级提高到100%，并在新建建筑中推行零能耗和产能房建筑，如光伏和可再生能源中心，建筑节能效率达到70%以上。

三是载体创新与展示融合，形成产业高效联动。科学城无论整体还是单个项目都被打造成为产品模型，进行复制推广。例如，园区发展可再生能源产业，在输出系统解决方案的同时，不仅输出产品而且输出技术，带动区域可再生能源产业的发展。

7. 小结

综上所述，国外科学城可以快速且良好发展主要取决于以下几点：一是政府、企业、高校的沟通协作以及不同机构的科研人员之间的及时沟通都有利于科技治理的推进；二是高质量的人才和适宜的政策支持是科技治理的基石；三是与科学城配套的产业基金和产业联盟更有助于提高科技成果转化率；四是适当的政府引导，有助于打造自身专属的发展路径；五是合理的园区与载体的设计及建设策略。

第二章 价值与使命：从高新区回归科学城的中国创新路径

1988 年，我国开始酝酿并进行建设高新技术产业开发区（以下简称"高新区"）的试验。高新区，是各级政府为发展高新技术产业而设立的特定区域，是依靠智力密集、技术密集和开放的环境，吸收和借鉴国外先进科技资源、资金和管理手段，通过各项优惠政策和改革措施优化环境，旨在转化科技成果、发展现实生产力而建立起来的综合性基地[5]。

高新区是一个城市成长的标记，现已演变成一个城市的符号，已经成为我国重要的"创新高地、产业高地、人才高地、政策高地"。

第一节 高新区："三十而立"的创新之路

一、高新区的发展历程

高新区是指发展高新技术及其产业的特定区域。随着高新区产业的不断优化升级，创新环境不断优化，高新区集聚了大量创新资源，正逐步成为高新技术创新的重要载体。

20世纪80年代，为应对新技术革命带来的机遇与挑战，在我国经济与科技体制改革的大背景下，为学习美国硅谷、日本筑波科学城等发展的成功经验，原国家科委和中国科学院等先后向中央提出了在高等院校和科研院所集中的智力密集区建立开发区的建议。

1988年，国务院批准建立北京新技术产业开发试验区，此后又开始实施国家"火炬"计划，并确定把创办高新区作为"火炬"计划的重要内容，由此高新区正式进入了高速发展阶段。

1991年国务院首次批准成立了26家国家高新区，并颁布实施了一系列政策；1992年又增加了25家国家高新区。至此，基本形成了高新区在全国的布局，拉开了中国高新区全面发展的序幕。截至2021年，经国务院批复建设的国家高新区数量已达169家（见图2-1）。

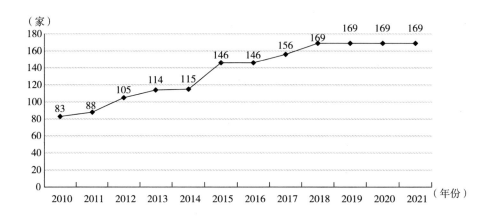

图2-1　2010~2021年我国国家高新区数量

资料来源：科技部。

目前，国家高新区已经成为中国产业发展的主力、创新驱动的引擎、人才集聚的高地。截至2020年底，国家高新区集聚高新技术企业8.1万家，占全国认定高新技术企业总数的 36.4%；备案科技型中小企业 5.1 万家，占全国的 33.6%；拥有瞪羚企业 3330 家，近三年年均增长 16.3%；拥有境内外上市企业 1476 家，其中中小板 308 家，创业板 428 家，科创板上市企业 53 家，占全国科创板上市企业数的 67%。① 营业收入超百亿元、超千亿元的创新型企业加快聚集，华为、阿里巴巴、小米、大疆等一批具有世界影响力的高技术大企业持续发展壮大。从 GDP 产值来看，2021 年 169 家国家高新区园区生产总值 15.3 万亿元，同比增长 12.8%，占 2021 年全国 GDP 的 13.4%。我国众多的科技企业，如北京中关村的工业互联网产业、上海张江的生物医药与集成电路、合肥高新区的人工智能等，均在全国新兴产业集群中具有举足轻重的地位。

2020 年高新区企业 R&D 经费内部支出 9192 亿元，约占全国企业 R&D 经费内部支出的 49.2%（见表 2-1）。发明专利授权量、PCT 国际专利申请量分别占全国的 37.5%、44.7%；每万人从业人员拥有有效发明专利达到 421.6 件，是全国平均水平的 13.9 倍。[6] 国家高新区持续集聚高水平创新资源，聚焦国家战略需求，国家石墨烯创新中心、大亚湾中微子实验室、国家基因库等一批重量级创新平台相继建成。在信息网络、人工智能、生物技术、清洁能源、新材料、先进制造等领域涌现出一批引领性原创成果，高铁、北斗导航、国产大飞机、5G 通信等国家战略领域取得重大突破。

表 2-1　2020 年我国高新区创新部分相关指标情况

指标名称	数量	全国占比（%）
发明专利授权量	47.2 万件	37.5
拥有发明专利数	92.4 万件	30.0
企业 R&D 人员数量	225.7 万人	44.1
企业 R&D 经费内部支出	9192 亿元	49.2
高新技术企业数量	27 万家	36.8

---

① 《中国高新技术产业导报》（2021 年）。

续表

指标名称	数量	全国占比（％）
认定登记的技术合同数量	34.7 万项	63
认定登记的技术合同成交金额	8017.4 亿元	28.4

资料来源：科学技术部火炬高技术产业开发中心.中国火炬统计年鉴2020［M］.北京：中国统计出版社，2020.

高新区还是人才高地。国家高新区各类创新型人才持续会聚，2020年从业人员达到2213.5万人，本科以上学历人数占比达到38%，每万名从业人员中R&D人员全时当量是全国的13.8倍。

此外，国家级高新区往往在创新政策、孵化器建设、科技金融创新、国际化发展、体制机制创新等方面走在前列。科技部火炬高新技术产业开发中心主导的国家高新区创新能力评价指标体系由"创新资源集聚、创新创业环境、创新活动绩效、创新的国际化和创新驱动发展"5个一级指标、25个二级指标构成。该指标体系如图2-2所示，2010~2020年国家高新区整体创新能力不断增

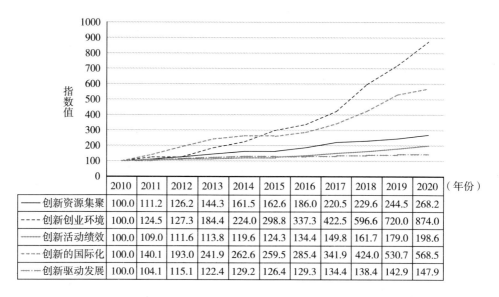

	2010	2011	2012	2013	2014	2015	2016	2017	2018	2019	2020	（年份）
——创新资源集聚	100.0	111.2	126.2	144.3	161.5	162.6	186.0	220.5	229.6	244.5	268.2	
----创新创业环境	100.0	124.5	127.3	184.4	224.0	298.8	337.3	422.5	596.6	720.0	874.0	
——创新活动绩效	100.0	109.0	111.6	113.8	119.2	124.3	134.4	149.8	161.7	179.0	198.6	
----创新的国际化	100.0	140.1	193.0	241.9	262.6	259.5	285.4	341.9	424.0	530.7	568.5	
——创新驱动发展	100.0	104.1	115.1	122.4	129.2	126.4	129.3	134.4	138.4	142.9	147.9	

图 2-2　2010~2020 年国家高新区创新能力指数

资料来源：科学技术部火炬高技术产业开发中心，中国科学院科技战略咨询研究院中国高新区研究中心.国家高新区创新能力评价报告（2021）［R］.上海：浦江论坛，2022.

强，创新发展水平不断提升。总体来看，高新区创新速度不断加快，能力不断提升，创新驱动发展迈入新台阶。

二、高新区的具体内涵

国家高新区的"高"，其具体内涵非常丰富。国家高新区的建设与发展，应立足国家发展战略目标，结合区域特征，走出一条有自身特色、中国特色的高新技术产业发展之路，向着高水平、可持续、高质量不断前行。具体内涵至少包括以下几个方面：

1. 谋划高站位

国家高新区作为促进科技与经济紧密结合的前沿基地，在我国实施创新驱动发展战略中具有重要地位。不能仅以区域发展的视角，而要站在国家全局高度和历史尺度看待国家高新区的地位与作用。

在新的历史起点上，国家高新区未来发展应坚持服务支撑全面建设社会主义现代化国家、实现中华民族伟大复兴，以更高的站位、更大的格局、更宽的视野进行系统谋划和整体布局。应认真总结国家高新区多年的发展经验，乘势而上，在新起点上推动国家高新区事业实现新突破。在谋划高站位层面，东莞松山湖科学城是一个很好的例子，松山湖以大湾区综合性国家科学中心先行启动区（松山湖科学城）建设为统领，紧扣国家战略平台发展需求，迎大考、谋大事、过大关，构筑起推动高质量发展的"四梁八柱"。

2. 规划高起点

围绕国家《中华人民共和国国民经济和社会发展第十四个五年规划和2035年远景目标纲要》，国家高新区应坚持高起点规划，找准发展定位，明确发展方向，坚持高起点制定好发展战略规划和产业规划，把新发展理念贯彻到规划的各个方面，充分发挥规划对园区发展和建设的引导和调控作用。

3. 建设高标准

标准决定质量，有什么样的标准就有什么样的质量，只有高标准才有高质量。国家高新区是一项长期的事业，在建设发展过程中应注重质量和成效，统筹安排好土地利用和建筑规模，注重提高单位使用效率和产出水平。

国家高新区力图改变一般工业园区发展模式，摒弃依靠要素驱动和投资驱动发展模式，择优引进科技含量高、发展潜力大的项目，培育更多高新技术企业，体现"高"和"新"的含量。

4. 经济高效益

国家高新区积极践行新发展理念，坚持走创新、协调、绿色发展的新型工业化道路，实现了从科技价值到经济价值，再到社会价值的转变，持续统筹推进"五位一体"总体布局，绿色低碳循环发展成为园区的普遍形态。

近年来，国家高新区企业人均创造价值的能力稳步提升。2021年，国家高新区的劳动生产率为36.6万元/人，是全国全员劳动生产率（13.5万元/人）的2.7倍，工业企业万元增加值综合能耗为0.451吨标准煤[①]，平均能耗较2019年继续降低，明显低于全国平均水平。国家高新区应继续践行绿色发展理念，不断完善环境保护和绿色发展政策，促进生产效率不断提升，推动产业结构不断升级。

5. 企业高成长

从企业数量看，近年来国家高新区当年新增注册企业数量持续提升。2020年，全国169家国家高新区共有工商注册企业358.7万余家，其中当年新注册企业约74.8万家，当年新注册企业占工商注册企业总数的20.8%，受新冠肺炎疫情影响，当年新注册企业占比出现下降，较2019年下降0.8个百分点，但持续保持较高比重。

从企业质量看，目前，以瞪羚企业为代表的高成长企业逐渐成为国家高新区创新发展新引擎，持续受到各界的广泛关注。瞪羚企业科技创新动力强

---

① 《2020年国家高新区综合发展与数据分析报告》。

劲，持续带动区域经济高质量发展。对于国家高新区而言，爆发式成长的瞪羚企业逐步取代了传统工业经济的大型企业，成为各个高新区创新发展的新名片。调查问卷显示，2020 年共有 111 家国家高新区实施了瞪羚企业培育计划，占比 65.7%。为切实凸显瞪羚企业的高成长性和创新能力，2020 年国家高新区瞪羚企业筛选标准将科技活动经费占比提升至 5%，2020 年国家高新区纳入统计的企业中，3321 家高成长企业入选国家高新区瞪羚企业，国家高新区整体瞪羚率为 2.4%，国家高新区瞪羚率持续维持在较高水平。高成长企业科技创新动力强劲，将成为持续带动区域经济高质量发展的重要力量。

6. 研发高强度

从研发投入总量看，2020 年，国家高新区企业 R&D 投入达到 9192 亿元，占全国企业 R&D 投入的 49.2%；从投入强度看，2020 年国家高新区企业 R&D 投入与园区 GDP 的比例为 6.8%，是全国平均水平的 3 倍。[①] 高新技术企业一直是国家高新区推动高质量发展的重要抓手，在国家高新区创新能力建设和创新成果产出中发挥着重要作用。

2020 年，根据科技部火炬中心对国家高新区 27 万家企业的调查统计，其中高新技术企业近 9.9 万家，其在 R&D 人员和 R&D 经费投入，以及专利等创新成果产出上均超过园区入统企业总体比重的 82.3%。高新技术企业的数量、质量及 R&D 强度，已成为衡量国家高新区高质量发展水平的重要指标。

7. 人员高素质

近年来，国家高新区从业人员队伍的整体结构在不断优化，高学历化和高技能化趋势比较明显。2020 年，国家高新区 2213.5 万从业人员中大专以上学历占 60.5%，本科以上学历占 39.4%，同时有大批的海归和新进的大学毕业生在高新区从业。在"六稳六保"形势的要求下，2019 年国家高新区承接的应届毕

---

① 《国家高新区创新能力评价报告（2021）》。

业生达 72.6 万人，相当于承接了近 10% 的大学本科毕业生。

8. 服务高质量

良好的创新创业环境是国家高新区持续开展创新创业活动的重要基础，包括政、产、学、研、用、金、服等各类创新主体相互有机作用的全生态链条。

各国家高新区纷纷积极探索有效的创新创业政策措施，加强创新创业资金支持，不断创新投融资服务模式，加强创业孵化载体建设，以及发展创业服务机构等，都是为了营造更好的创新创业环境以吸引更多创新要素，不断提升创新能力。这是在推进国家高新区高质量发展中需要持续破解的重要命题。

9. 管理高效率

根据调研问卷，国家高新区管委会作为地方政府派出机构，在所辖区域内能否行使高效和适宜管理权是关系其发展的一个重要问题。目前，除国家自主创新示范区规划由国务院批复外，国家高新区的发展规划、产业定位、开发建设和日常管理一般由地方政府主导。

有些国家高新区只是单纯的协调机构，不具有经济和社会管理职能；有些国家高新区与行政区域重合，实行"两块牌子一套人马"的管理方式；也有些国家高新区通过代管乡镇等形式，依托其他行政区域发展。

在管理体制上，直属负责领导对口直接领导，即由国家高新区上一级主管负责领导兼任区管委会主要领导职务。一方面，这有利于上一级主管部门全面了解掌握发展现状，充分结合地方和全国整体发展规划，能够使得国家高新区在顶层设计方面更有实效；另一方面，借助上一级主管与相关地方行政机构的高效协调沟通，促进国家高新区更快发展。

在管理权限上，权责利明晰是提高效率的前提。因此，在国家高新区的管理中，地方应给予其明确的管理权限，这样更加有利于国家高新区在开展各项工作时充分了解自身的活动范围，优化自身发展。当然，在推进国家高新区发展的过程中，应注意适当"放权"，即在提高国家对高新区的组织领导的基础上，赋予国家高新区更大的管理自主权限，使其在积极创新的同时能够稳妥发展。

10. 开放高水平

国家高新区高质量发展是开放的发展，应在全球范围内积极开展创新合作，整合创新资源。近年来，国家高新区在国际创新合作、国家人才集聚、国际创新成果、国家贸易交流等方面发展迅速。

根据科学技术部火炬高技术产业开发中心测算，2020 年国家高新区创新的整体国际化指数为 568.5 点，同比增长 7.1%。但不同区域、不同类别的高新区国际化水平差异较大，呈现明显"东高西低"的不平衡局面。在我国推进全面开放新格局的时代背景下，国家高新区必然会不断扩大开放，在我国参与全球竞争中扮演越发重要的角色。

三、高新区的发展趋势

然而，经过多年的发展，国家高新区原有的发展模式也面临着一定的困境，主要表现在：支持创新和产业化的市场体系建设滞后；相关的政策法规不健全；创新能力建设有待提高；国家高新区产业化体系尚未形成；尚未真正形成高端化、国际化人才队伍体系；传统体制障碍依然存在；企业创新能力弱，缺乏核心技术；随着竞争对手的全球化，高新区原有的比较优势在逐步减弱。此外，部分城市的高新区还出现了房地产化的现象。

未来高新区面临全新的发展环境，经济全球化、创新全球化深入发展，科技创新孕育新的重大突破，新一轮产业革命蓄势待发。在此大背景下，高新区应积极响应国家转变经济发展方式的要求，走适合自身的科学发展道路，在节约资源能源、机制体制建设、摆脱原有发展路径依赖、优化园区环境等方面进行深层次的探索。面临国家高新区在"高"和"新"方面存在的一些不足，以及在发展布局、发展水平、管理体制和发展定位等方面的困难和挑战，高新区在高质量发展中该如何体现"高"和"新"的具体内涵呢？

总的来看，作为改革开放之后中国科技园区的破局之路，高新区这一体制机制改革在政策体系创新、空间环境建设、高新产业集群等方面走出了一条创新发展之路。然而，面向原始创新策源、国家重点领域自主创新、科技成果产业化、风险创新环境建设，原有的以优惠政策和产城开发为核心的国家级高新区发展模式也体现出了其局限性。

以 2017 年《关于促进开发区改革和创新发展的若干意见》、2019 年《关于推进国家级经济技术开发区创新提升打造改革开放新高地的意见》、2020 年《关于促进国家高新技术产业开发区高质量发展的若干意见》出台为标志，将体制改革与转型升级、创新驱动一起作为未来发展方向，全国高新区迎来了改革与创新发展的新阶段。

2020 年 7 月 13 日，国务院出台《关于促进国家高新技术产业开发区高质量发展的若干意见》，提出以习近平新时代中国特色社会主义思想为指导，贯彻落实党的十九大、二十大和十九届二中、三中、四中全会精神，牢固树立新发展理念，继续坚持"发展高科技、实现产业化"方向，以深化体制机制改革和营造良好创新创业生态为抓手，以培育发展具有国际竞争力的企业和产业为重点，以科技创新为核心着力提升自主创新能力，围绕产业链部署创新链，围绕创新链布局产业链，培育发展新动能，提升产业发展现代化水平，将国家高新区建设成为创新驱动发展示范区和高质量发展先行区。贯彻落实党的二十大精神，坚持科技是第一生产力、人才是第一资源、创新是第一动力，深入实施科教兴国战略、人才强国战略、创新驱动发展战略，开辟发展新领域新赛道，不断塑造发展新动能新优势。

到 2025 年，国家高新区布局更加优化，自主创新能力明显增强，体制机制持续创新，创新创业环境明显改善，高新技术产业体系基本形成，建立高新技术成果产出、转化和产业化机制，攻克一批支撑产业和区域发展的关键核心技术，形成一批自主可控、国际领先的产品，涌现一批具有国际竞争力的创新型企业和产业集群，建成若干具有世界影响力的高科技园区和一批创新型特色园区。到 2035 年，建成一大批具有全球影响力的高科技园区，主要产业进入全球价值链中高端，实现园区治理体系和治理能力现代化。

国家高新区作为国家创新驱动发展的主力军和主阵地，历来以"发展高科技、实现产业化"为使命导向，在发展中始终坚持持续的科技创业和体制创新。建设国家高新区，核心是要以深化体制机制改革和营造良好创新创业生态为抓手，以培育发展具有国际竞争力的企业和产业为重点，将国家高新区建设成为"创新驱动发展示范区"和"高质量发展先行区"，这是中央对国家高新区在新发展格局下赋予的新使命和新定位。

因此，以国家级高新区模式为基础，借鉴全球科学城发展经验的"中国式"科学城逐步成为新一轮国家级高新区的建设重点。

第二节　科学城：中国创新战略的新阶段

一、中国科学城的建设背景

2016 年 5 月，中共中央、国务院发布《国家创新驱动发展战略纲要》，提出要加强面向国家战略需求的基础前沿和高技术研究，需要建设一批具有更强能力更高水平的科技支撑高地。科技创新逐渐成为国家参与全球区域竞合的主要的竞争力之一。随着安徽滨湖科学城、北京怀柔科学城及上海张江科学城等科学城的规划建设，我国已经掀起建设国家科学城的浪潮。以促进科学发展为目标，围绕基础科学装置及其配套服务功能的科学城建设方兴未艾。

2018 年 5 月 28 日，习近平总书记在中国科学院第十九次院士大会、中国工程院第十四次院士大会上指出："中国要强盛、要复兴，就一定要大力发展科学技术，努力成为世界主要科学中心和创新高地。"这一重大要求，既是对科技创新进行全局谋划和系统部署，也为我们向世界科技创新高地进军指明了前进方向、确立了清晰目标。

二、中国科学城的主要类型

目前，中国各城市和区域正推进科学城的建设，主要包括北京统筹规划建设中关村科学城、未来科学城、怀柔科学城，上海主要聚焦建设张江科学城，合肥推出滨湖科学城，粤港澳大湾区加紧规划建设深圳光明科学城、广州南沙科学城、东莞松山湖科学城等。基于科学城的发展基础和特点，国内的科学城大致可分为以下四类：

1. *依托综合性国家科学中心而建设的科学城*

此类科学城主要集中于国内一流创新高地，包括上海张江科学城、北京怀柔科学城和合肥滨湖科学城，这类科学城重点依托大科学装置、国家重点实验室、研究型大学等重大平台设施建设，瞄准国家重大科技创新需求，聚焦开展基础研发、原始创新和前沿技术攻克。张江科学城正在量子通信、干细胞、医疗大数据等一批极具前瞻性的先导产业积极布局；怀柔科学城主要聚焦物质科学、地球系统科学、空间科学、生命科学和智能科学五大科学方向；滨湖科学城催生一批如量子信息产业、类脑智能产业、超高场磁共振成像产业、精准医疗产业、大基因产业等未来先导产业。

2. *以集聚高端人才为代表的未来科学城*

2008 年，中共中央组织部、国务院国资委作出建设未来科技城的重大部署，并选择北京、天津、武汉、杭州四个城市作为先期试点城市，主要目的在于依托建设一流双创载体平台、宜居宜业的环境吸引国内外高端科研人才、创新创业人才集聚。比如杭州未来科技城，从 2011 年到 2020 年已累计引进培育海外高层次人才 3000 余名。

3. *以综合性功能为特色的科学城*

此类科学城主要集中于国内创新创业生态较为优质的地区，包括北京中关村科学城、广州南沙科学城、深圳光明科学城、西部（成都）科学城等。综合性功能科学城具备高校、科研院所、新型研发机构、高成长企业等多元创新创业群体，高新技术产业规模大、发展水平高，同时具有发达的科技服务、创新服务、产业服务、生活服务支撑，实现教、科、产、城、人、文有机融合。

4. 突出特色产业的科技城

此类科学城主要包括宁波新材料科技城、中国（绵阳）科技城、杨凌农业科技城等，均以当地特色产业发展基础，集聚大量特色产业领域内的创新资源，开展产业技术创新、承载特色产业创业发展。比如中国（绵阳）科技城，聚集中国工程物理研究院、西南自动化研究所、中国空气动力研究与发展中心等大批国防科研院所和其他"三线"企业，在军工、电子信息等领域具备一定产业优势。

科学城既是高水平科研成果的"孵化器"，也是高层次科技人才的"蓄水池"，还是高技术产业持续发展的"动力源"。在新一轮城市竞争中，规划建设好科学城对地方在科技创新和经济发展的支撑引领作用将越发凸显。

三、中国科学城的发展经验

1. 上海张江科学城

上海张江科学城最早起步于 20 世纪 90 年代，到目前已经成为中国科学城发展的标杆之一。目前，张江已由"科技园"转变为"科学城"，力争打造集创业工作、生活学习和休闲娱乐为一体的现代新型宜居城区和市级公共中心。主要体现在空间、产业、科技、开发模式的转变。

一是空间由原来的 42 平方千米扩展到 94 平方千米，同时对内部空间二次开发，布局再优化，更加宜居宜业。二是引入上海光源、国家蛋白质科学中心、上海超级计算中心等大科学设施建设。三是聚焦"3+3"重点产业，即信息技术、生物医药、文化创意三大主导产业，以及人工智能、航空航天配套、低碳环保三大新兴产业，并且围绕重点产业打造专业园区，包括浦东软件园、张江药谷、张江文化创意产业园区等。四是园区平台企业，张江高科目前集开发商、服务商和投资商于一体，相较于园区开发，其目前更多聚焦科技投资与平台服务。

2. 宁波新材料科技城

宁波科技城依托于良好的区位条件，宁波诺丁汉大学、中科院材料所等多家高校和研发机构，以及宁波原有的企业基础，致力于打造"四区一中心"，即国际一流、国内领先的新材料创新中心，创新驱动先行区、新兴产业引领区、高端人才集聚区、生态智慧新城区。

未来，宁波新材料科技城将重点强调以下四大发展策略：一是更多元化的产业体系，即以高性能金属材料、先进高分子材料及合成材料、电子信息材料及器械等新材料产业为核心，多种新兴产业协调发展的格局。二是更复合化的空间用地形态，适应龙头企业、初创企业、专精特新企业等不同企业的创新及发展需求。三是关注全过程科技服务，包括从研发到转化的公共平台服务、从转化到生产创新要素的展示与交易，以及金融和风险投资对以瞪羚企业为核心主体的支撑力。四是面向创新人群的宜居生活。

3. 杭州未来科技城

杭州未来科技城重点聚焦新一代信息技术、生物医药、新能源、文化创意四大产业，并形成金融、商务、会展、生活服务等拓展型产业。

在城市建设上，杭州未来科技城强调以西溪湿地为核心联通区域生态空间，打造杭州西部人文之城。同时强化包容的城市氛围、集约的用地结构、便捷的交通体系。在人才建设上，重点引入高层次科技人才、创意型文化人才、创业型经营人才、实用型技术人才四类，创新人才的评价机制、培养机制、服务机制。

自杭州未来科技城正式挂牌成立以来，已经新增科创企业10000多家，累计引进海归人才2750余名，成为浙江省海外高层次人才最为密集、增长最快区域，技工贸总收入与税收年均增幅分别达到 61.5% 和 63.1%①。如此惊人的发展速度离不开"全球创新要素重组"和"国家人才、科技强国战略"双重作用的绝佳历史机遇以及自规划之初贯穿建设全阶段的持续区位优势。

综上所述，我国科学城可以快速且良好发展主要取决于以下几点：一是加强基础前沿创新布局；二是加速催化科技成果转化；三是不断升级"高精尖"产业体系；四是扎实营造优良创新生态；五是积极推进区域开放创新等。

四、中国科学城的发展特征

1. 从空间布局看，科学城是所在城市的重要组成部分

我国科学城一般位于特大中心城市中心区或者近郊，规划面积在 20～100 平方千米，容纳人口可达 30 万～100 万人，是一个中型城市的规模。这些科学城基础设施完善，交通较为方便，便于人流、物流、信息流等要素交汇。我国代表性科学城及其规划面积如表 2-2 所示。

表 2-2 我国代表性科学城及其规划面积

名称	所在城市	规划面积（平方千米）
中关村科学城	北京市海淀区	75
北京未来科技城	北京市昌平区	约 10
怀柔科学城	北京市怀柔区	41.2
张江科学城	上海市浦东新区	94
滨湖科学城	合肥市包河区	491
广州南沙科学城	广州市南沙新区	99
西部（成都）科学城	成都市天府新区	361.6
武汉未来科技城	武汉市江夏区	66.8
杭州未来科技城	杭州市余杭区	113
松山湖科学城	东莞市松山湖新区	90.5

资料来源：笔者根据公开数据整理。

---

① 杭州未来科技城房产公众号。

2. 从功能定位看，科学城承载国家基础性战略性前沿科学研究之责任

不同于一般发展战略性新兴产业、推进传统产业升级的各类高科技园区或特色工业园区，科学城还承担着国家战略层面的重大科技创新职能，它是我国原创性创新、基础性创新的策源地、发生地和集聚地，主要开展国际前沿性、基础性、战略性研究，代表了我国综合性科学或者某一学科领域发展的最高水平。我国代表性科学城的功能定位如表 2-3 所示。

表 2-3　我国代表性科学城的功能定位

名称	功能定位
中关村科学城	以"打造具有全球影响力的科技创新中心新地标"为总体定位，将中关村科学城建设为体制机制创新的前沿阵地、战略性新兴产业策源地、高端要素聚集区、科技成果转化的辐射源
北京未来科技城	建设成为具有世界一流水准、引领我国应用科技发展方向、代表我国相关产业应用研究技术最高水平的人才创新创业基地，使之成为中国乃至世界创新人才最密集、创新活动最活跃、创新成果较丰富的区域之一
怀柔科学城	面向世界科技前沿和国家重大需求，建设世界级原始创新承载区和开放科研平台，引导和推动高端创新资源要素加快集聚，打造科技创新中心新地标
张江科学城	围绕提升创新策源能力，以科技和人文融合发展为特色，着力打造科技创新策源地、高端产业增长极、创新生态共同体、国际都市示范区；建设成为"科学特征明显、科技要素集聚、环境人文生态、充满创新活力"的国际一流科学城
滨湖科学城	建成中国特色、世界一流的综合性国家科学中心及产业创新中心，成为代表国家水平、体现国家意志、承载国家使命的国家创新平台
广州南沙科学城	大湾区综合性国家科学中心主要承载区；粤港澳大湾区国际科技创新中心重要承载区；世界一流海洋科学与工程创新中心；引领高质量发展的战略产业策源地；创新发展政策改革试验区
西部（成都）科学城	建设全国重要的创新驱动动力源、全国重要的高质量发展增长极、全国一流的高端创新要素集聚地、全国领先的创新创业生态典范区
武汉未来科技城	打造一批履行国家使命、具有光谷特色的"国之重器"，集聚一批顶尖科学家和高水平创新人才，创造一批具有国际影响力和竞争力的硬核成果，形成一条产业定位鲜明的千亿产业带，打造科学的理想国、创新的自由城和人才的桃花源

续表

名称	功能定位
杭州未来科技城	定位为"东西科创主廊道与南北两翼拓展轴重叠处的重要节点，杭州城西科创产业集聚区的创新极核，杭州数字经济策源地"
松山湖科学城	坚持面向世界科技前沿、面向经济主战场、面向国家重大需求、面向人民生命健康，围绕重大原始创新策源地、中试验证和成果转化基地、粤港澳合作创新共同体、体制机制创新综合试验区四大定位，努力打造具有全球影响力的原始创新策源地、新兴产业发源地、创新人才集聚地、知识产权示范地、科学人文宜居地

资料来源：笔者根据相关资料整理。

3. 从创新动力看，科学城以有高水平标志性科研机构作为创新策动源

与新西伯利亚科学城类似，我国科学城在规划选址启动期，就考虑要有一家或数家高水平的科研机构或研究型高校为依托，集聚数量众多的科学家和研究人员，作为科学城的创新动力源、催化剂。我国代表性科学城的科学支撑机构如表2-4所示。

表2-4 我国代表性科学城的科学支撑机构（部分列举）

名称	科学支撑机构
中关村科学城	清华大学、北京大学等重点高校院所，国家重点实验室、国家工程中心及高新技术企业
北京未来科技城	北京低碳清洁能源研究所、全球能源互联网研究院等
怀柔科学城	中国科学院大学及中国科学院等10多个研究机构
张江科学城	上海光源中心、上海超算中心、中国商飞上海飞机设计研究院、上海张江药谷公共服务平台、上海科技大学、中科院高等研究院、上海中医药大学、复旦大学张江校区等近20家高校和科研院所
滨湖科学城	中国科学技术大学先进技术研究所、中科院合肥创新院、量子信息科学国家实验室等

名称	科学支撑机构
广州南沙科学城	中国科学院大学广州学院、中科院广州分院、香港科技大学（广州）、南方海洋科学与工程省实验室等
西部（成都）科学城	中国科学院成都生物研究所、成都文献情报中心、四川天府新区宇宙线研究中心等
武汉未来科技城	中国电子新能源动力电池研究院、武汉未来宇航科技研究院等
杭州未来科技城	之江实验室、阿里巴巴达摩院、湖畔实验室等
松山湖科学城	东莞松山湖国际机器人研究院、广东省智能机器人研究院、大湾区大学（松山湖校区）、香港城市大学（东莞）、中国散裂中子源、南方光源等国家大科学装置等

资料来源：笔者根据相关资料整理。

4. 从产研互动看，科学城是科技成果转化及高科技产品生产和服务的重要基地

科学城有着最为优越的科技创新生态链和生态环境。以科技为种子，大力推进产学研一体化，将科技、教育、金融、商业等要素资源有机整合，吸引集中大批世界高科技公司入驻发展，同时，也为一大批创新项目和创新团队提供孵化功能，在国家重大创新成果转化及高新技术产业打造中发挥独特而重要作用。科学城所孵化的产业类型代表了当前产业技术发展主流方向和最高水平，对城市及国家科技创新贡献作用巨大。我国代表性科学城的产业发展方向如表 2-5 所示。

表 2-5　我国代表性科学城的产业发展方向

名称	科技发展方向
中关村科学城	新一代信息技术、节能环保、航空航天、生物、新材料、新能源、新能源汽车、高端装备制造
北京未来科技城	新能源、信息、冶金、节能环保、航空、新材料等能源新科技和产业

续表

名称	科技发展方向
怀柔科学城	依托高能同步辐射光源装置、综合极端条件实验装置、地球系统数值模拟装置等大科学装置，建立跨学科交叉研究平台
张江科学城	集成电路、生物医药、人工智能、数字经济、信息技术、机器人及智能装备、量子信息、前沿新材料、基因技术等
滨湖科学城	量子信息科学、人工智能、金融
广州南沙科学城	商业航天、新能源汽车及储能、高端装备制造、生物医药等
西部（成都）科学城	5G通信与人工智能、智能制造、航空航天、网络安全、生命科学等
武汉未来科技城	光电子信息、生物医药、能源环保、现代装备制造和高科技农业
杭州未来科技城	电子信息产业、生物医药研发、新能源新材料研发、装备制造研发、软件与创意设计、金融中介及生产性服务业
松山湖科学城	新一代信息技术、集成电路、高端装备制造、新材料、新能源、人工智能和生物医药

资料来源：笔者根据相关资料整理。

5. 发展启示

我国科学城大多依托于高新区建设，也与高新区差不多同时出现。从 20 世纪 80 年代末至今，已有 30 余年历史。与传统的高新区、工业园区乃至大学城相比，科学城往往具有以下优势：

一是与工业园区相比，科学城能更有效地引领城市高质量发展。传统工业园区的发展主要依靠土地、劳动力等资源型投入为主，以往对城市发展的带动主要体现在吸引劳动力、带动经济总量扩张等方面。而科学城的发展以"创新驱动"为主题，以"高端人才"为重点，以"产业链、服务链、创新链"三链融合为模式，与工业园区相比，它的优越性重点体现在经济发展的"质"上，能更有效地引领城市高质量发展。

二是科学城与高新区两者互促共赢，相较于高新区，科学城更加突出自主创新能力的建设。传统国家高新区的发展，更侧重于研发、开发、生产高技术产品，在技术创新、成果转化方面有了长足的提升。但许多高新区在发展过程中，更侧重于吸收已有的科研成果，自主创新能力是其短板。科学城则与之相反，更侧重于依托高端人才和完善的科技创新服务体系，从事新产品、新技术等的开发。国内外的实践经验表明，科学城和高新区都是城市发展的有效创新驱动器，而两者的有效互动，更是能形成一股互促共赢的双重力量，合力引领城市发展升级。

三是与大学城相比，科学城能更有效地推动城市创新发展。过去，由于科学城多数紧密依托大学城建设，两者往往容易混为一谈。但随着科学城的逐步发展升级，如今，它的产业功能、城市功能越来越突出，不再局限于对大学资源的利用，而更多的是有效吸引利用高端人才，提升自主创新能力，带动整个城市发展升级。在科学城选址方面，虽然有些仍然依托大学园区，但也更加看重优良的自然环境、城市服务能级等因素，从而更有效地吸引高层次人才。

总体来说，溯源我国经济发展历程，从一开始的重视经济发展快速增长、全力推动集聚型工业园区建设，到重视高新技术和对外开放水平，着力推动高新区、国家级新区等的建设，再到重视科技创新和人才创业，着力推动科学城、自主创新示范区等的建设。这一系列变化综合带动着城市发展由产城分离到产业融合，由要素推动到创新驱动逐步转变。

中国的科学城一般依托高新区，尤其是国家级高新区发展而来；但相比原有高新区在政策上的吸引力，科学城更加注重重大科学装置的布局、创新人才创业环境的建设，以及自主创新能力的全面提升。但目前国内部分科学城仍然暴露出有名无实、有城无科、重建设轻运营等问题，甚至照搬原有高新区发展模式，未能体现出"高质量发展"和"高效率运行"的发展要求。

第三节 国内外科学城的发展启示

一、国内外科学城的发展特征

从国内外创新空间和科学城的理论与实践来看，理想的科学城的发展特征包括：一是发展驱动力是创新要素的自发集聚和创新成果的不断产生，拥有自主知识产权的科研成果不断得到产业化应用或结合市场需求自主进行产品和服务的改进。二是发展目标是促进科学成果的商业化应用，实现创新引领的经济和社会发展。三是发展载体为促进创新产生的多样性、开放型、自组织的城市系统[7]。我们认为主要体现在：①能吸引和保留知识资源和人力资源；②技术创新源具备自主创新的实力，并能够通过技术创新的推动力量不断产生科技创新成果；③企业在自身研发和与技术创新源合作的基础上，能够结合市场需求产生市场创新成果；④在技术推动和市场拉动下科学城孵化出大量创业企业；⑤经济增长主要依靠科技创新所获取的优势来拉动。

二、中国科学城的发展内涵

2020年10月，党的十九届五中全会公报首次提出"把科技自立自强作为国家发展的战略支持"。此后，各地纷纷响应，涌现出一批"科学城"规划。从某种意义上说，科学城是我国实现自主创新、打造创新型国家的重要依托。

1. 科学城不是普通城区，是以大科学装置为核心的特殊功能地区

科学城是以科学技术研究部门为主体，攻坚基础研究、源头创新的特殊城区，不是以企业为主体，不是以技术研究、应用创新为主的科技园区。

当前世界科技发展迅速，基础科学研究对实验条件的要求越来越苛刻，

50%以上的基础科学突破必须依赖能够提供各项极限研究条件的大科学装置。

那么，什么是大科学装置呢？大科学装置是现代科学研究中对各种极限状态的模拟装置，可以理解为巨型的超级显微镜和超级实验室，如位于贵州的"中国天眼"。这类大科学装置与产业无直接关联，为非产业化的基础科学研究目的服务，属于专用类或公益类大科学装置，往往布局在最适合的地质地理环境中，远离城市。

还有一类大科学装置与产业关联度大，除了为基础科学研究服务外，还可以为多类产业提供研究平台，属于通用类大科学装置，如上海同步辐射光源、中国散裂中子源等。此类通用型大科学装置一般在城市内部布局。

2. 科学城不是郊野基地，是以城市综合服务为依托的特殊城区

科学城诞生自"二战"时期的欧美，由于战争的隐蔽性需要，早期科学城以远离城市的"孤岛实验室""科技飞地"的形式存在，如美国橡树岭实验室、英国哈维尔科学城。

随着战争结束，和平年代建设的新一代科学城逐渐从远离大城市的飞地布局转向大城市周边的都市区范围，在保证高技术飞速发展的同时，为传统基础工业的改造提供高效的技术装备和工艺，还能为科研人员提供更好的配套服务，如日本筑波科学城、上海张江科学城等。

老一代科学城也在增加规划居住配套和服务配套区，如始建于20世纪40年代的英国哈维尔科学城在周边规划了大学区与居住区，为科研人员提供配套服务。

实践表明，建设科学城既可减轻大城市拥挤程度，又有利于促进科学事业发展。一般来说，科学城的城市功能相对完备，人口规模不大，离中心城市不远，生态环境良好。

与国外科学城相比，中国科学城的模式除了重视基础科学研究、注重成果转化，往往更重视科学城对区域经济产业发展的影响，其圈层布局一般按照"大科学装置—研究型大学科研院所—企业研发中心—制造企业"四个圈层由

内向外不断扩散。总体而言，科学城是推动人类科学发展、体现国家科研能力、集聚区域创新要素的重要空间载体，是以布局重大科技基础设施集群、集聚科学创新资源要素为特征，生活配套服务功能完备的综合型城市区域。

三、科学城的功能结构借鉴

一般而言，科学城由于需要配置大型科学装置，占地面积较大，大部分科学城的选址相对会偏离城市中心区，自然科学城综合服务区域也远离城市核心。因此，服务区的初期配套及相应的功能构成对于未来服务区及科学城的发展影响都十分重要。我们通过对比国内外大型科学城综合服务区的主要功能构成及配比，发现各服务区的主要配套功能均以教育科研、住宅、医疗服务、商业、娱乐康体设施及公共绿地等为主。例如，在日本筑波科学城中，科学城核心区为研究教育区，位于筑波科学城中心，大约占地 27 平方千米，聚集了国家研究和教育机构。此外，还有内部公共服务区、居住区、公园，并建有购物中心、图书馆、博物馆等。另外，在各功能配比中，绿地所占据的比例相对较高，如日本筑波科学城、法国索菲亚科技园绿化保留用地占比均在 50%左右（见表 2-6）。

表 2-6　国外科学城主要功能配套及配比

科学城案例	综合服务区面积	主要配套功能	功能配比
日本筑波科学城	27 平方千米	科研教育、居住、公共服务、商业	绿化保留用地占比 50%，科研及商业等活动用地占比近 40%
法国索菲亚科技园	24 平方千米	住宅、科研、公共服务、商业、绿地	绿化保留用地占比 50%，科研及商业等活动用地占比近 40%
瑞典西斯塔科学城	2 平方千米	住宅、高校、商业、医疗、酒店、公共设施	居住用地占比近 50%
新加坡纬壹科技城	2 平方千米	住宅、商业中心、高等学府、研究机构、体育场馆、娱乐设施	居住用地占比 24%，商业等混合用地占比 12%

资料来源：笔者根据相关资料整理。

总体而言，科学城配套仍以居住、教育、医疗、商业等功能为主，但对于每个功能板块有更细致的划分，如居住功能下有细分国际社区、普通商品房、定向安置房、共有产权房、租赁房等，而教育功能板块除了传统的中小学设施，还有科研院校等高等教育及社会类办学等。

四、科学城的发展要求

1. 高端的城市服务设施

一般来说，高端的城市服务设施包括交通设施、服务设施、城市公共空间。

交通设施层面，经济要发展，交通须先行。从国内外科学城经验来看，综合交通枢纽配套设施是巩固枢纽功能定位、带动周边经济发展、提升片区交通设施服务水平的关键。为实现"快速化"，科学城需要构建起现代化、立体化综合交通体系，重点是对外交通系统和骨干网络。为达成"便捷化"，从区域层面上应提高交通廊道的运输能力和水平，形成中心城区和重点地区、主要枢纽之间的集约化快速通道联系；从组团层面上构筑多层次、绿色化的交通廊道，须加强科学城各个组团之间的畅通联系，实现多样化选择的路径；从内部层面上提供人性化、智能化、集约化服务，确保科学城内部各个功能组团之间的互联互通。

服务设施层面，科学城对基础服务设施的要求会比一般的产业园高。举个简单的例子，中国正逐步承接半导体产业链的转移，如芯片。芯片的生产工艺本身对工业用水和空气质量有非常高的要求，如果要吸引这样的企业入驻发展，科学城就必须有相应的水处理厂和空气净化条件，须强化完善相应的产业基础设施。从国内外科学城经验来看，服务设施一方面是科研和产业基础设施，另一方面是公共服务设施。在科学城里从事科研产业工作的人群通常对工作和生活环境有比较高的要求，如子女入学、就医、高品质居住和体育休闲等。这部分相对实践经验较丰富，基本上通过几年时间的打造就可以呈现雏形。

城市公共空间层面，从国内外科学城经验来看，结合轨交站点构建社区生活圈，强化社区级公共服务设施的均等化配置。针对居住、科研、商务与产业社区的不同需求，细化若干社区设施配置要素和标准。结合生态绿地、滨水绿地和道路绿带，设置步行道和骑行道网络，满足科创人士的健身、游憩、交往等需求。

2. 领先的科技影响力

领先的科技影响力包括大科学装置、核心技术、创新服务体系。

大科学装置又称重大科技基础设施，是衡量国家科技实力和综合国力的重要标志。曾经有人做过统计，在近 100 年获得诺贝尔物理学奖的成就中，1950年以前只有 1 项来自于大科学装置；1970 年以后，有超过 40%的诺贝尔物理学奖成果来自于大科学装置；1990 年以后，这个比例高达 48%。截至目前，中国先后批复了 4 个依托"大科学装置"打造的综合性国家科学中心。一个个"大家伙"在各大一线城市如火如荼地建设和规划中。北京怀柔科学城已经走在"重装科学城"的前列。北京怀柔科学城在建的五个"大科学装置"，空间聚集且在功能上聚焦互补。除此之外，北京怀柔科学城也看到了科学仪器的重要性。2020 年 5 月，北京怀柔科学城成立了"怀柔科仪谷"，集研发、设计、制造、交易等于一体。科学城需要更加具备战略性创新视野，更注重解决"生死存亡"问题，要更加重视基础研究，争取在理论、方法、工具、系统等方面取得变革性、颠覆性突破。对于所有计划或正在建设"大科学装置"的"重装科学城"来说，人才永远是城市和产业持续发展的动力。因此，"重装科学城"格外重视"科学辅助工作者"，尤其是仪器科学家的引进与培养。

核心技术层面，在基础研究、技术原创、产业原创联动方面，在当前新一轮科技革命创新边界日趋模糊背景下，在基础研究、技术原创等环节，科学家、企业家、投资者共同参与的新研发以及从经济社会发展和国家安全面临的实际问题中凝练科学问题的逆向创新成为重要范式。其中，新型研发机构、投资机构、企业以及创业者、场景都要在原始创新中发挥重要作用，尤其是企业，不仅要参与、投入原始创新，更要发挥"出题者"作用。新一轮科技革命下的技术特征、创新范式正不断颠覆传统认知，聚焦应用基础研究；创新活动更加强调以需求为导向，研发、创业、产业化呈现高度一体化趋势。产业跨界融合更加显著，研发也从专业走向跨界融合。科学城的研发创新需要更加发挥良好的高技术产业基础，聚焦产业前沿领域，构建开放式和系统性创新的平台、机构和组织，推动科学家、企业家、投资人等多元主体联合参与，实现与市场需求同步的"产业技术创新"[9]。

创新服务体系层面，从全球科学城的发展经验来看，科学城应具有世界领先的原始创新、产业创新、创新网络和创新生态，同时还应具有世界领先的创新投入、创新产出和创新体制机制。世界领先的创新生态则体现在发展理念方面具有包容性的创新文化，全社会有鼓励科研创新、鼓励创业、容忍失败的良好创新氛围。具有推进自主科技创新、培养高端人才、促进先进科学研究与社会服务相融合的核心功能。对知识产权的强力保护和公开透明的法律体系，是世界领先创新生态的内部基本条件，也是加快创新成果转换运用的外部必要条件；金融服务、科技服务、法律服务、人力资源服务等生产性服务是世界领先的创新生态的核心要件；创新创业风险投资和政策支持（尤其是中小企业发展政策）则是科技创新从起步到完善过程中必要的金融配套服务和政策配套服务。对于科学城而言，应高度开放、重视打造以研发—创业—服务为核心的创新生态，成为区域创新生态最繁荣的区块，实现人才、资本、技术等创新要素资源的高效配置和高速循环。例如，英国剑桥科技园，不仅注重构建创新生态系统，而且注重利用剑桥企业有限公司，构建直接基于剑桥大学的创新型企业。剑桥科创中心通过剑桥大学为中心形成了一个辐射面积达40平方千米的大剑桥地区，该地区集中了1400多家高技术企业，创造了超过4万个就业岗位，这个科创中心被称为"技术极"。

3. 顶尖的产业集群

从全球科学城的发展建设经验来看，选择2~3个代表性产业进行深耕较为适宜，同时应高度重视高能级创新平台、载体的引进和共建，加强培育科研机构、大学、政府、企业、金融等要素融合内生的创新生态系统，让其成为引进高端人才团队的强大"磁吸力"。比如，作为全球产业集群发展的典范的硅谷，拥有数千家电子工业企业，不仅成为美国电子工业的中心，也成为世界电子工业的中心。目前硅谷已经形成以微电子产业为主导，信息技术、新能源、生物医学等产业共同发展的高新技术产业集群。美国采取以产业集群为主的创新区建设模式，创新区围绕三种类型资产构建：一是经济资产，包括创新驱动力、创新培育者、社区生活辅助设施；二是公共资产，包括公园、广场和街道等公共资产以及实验室、办公楼、零售商店等；三是网络资产，创新已使用正式和非正式会议作为促进创新集群中研究人员之间互动的方式。例如，北卡罗来纳州三角研究园，占地面积 2832 公顷，包括北卡罗来纳州的罗利、达勒姆和教堂山 3 个城市，杜克大学、北卡罗来纳州大学教堂山分校和北卡罗来纳州立大学 3 个研究型大学。该园区的设立是为了增加对该地区大学的研究，并吸引参与研发的公司。园区中最突出的两个集群是生物制药技术和信息技术。

第三章 前世与今生：松山湖科学城的崛起

东莞松山湖高新技术产业开发区（以下简称"松山湖高新区"）于2001年11月经广东省人民政府批准设立，2010年9月经国务院批准为国家高新技术产业开发区。20多年来，松山湖按照成为"东莞乃至珠三角科学发展示范区、转型升级引领区"的发展目标，努力打造"科技创新高地、人才聚集高地"，逐步发挥出产业龙头和研发龙头的双带动作用，已成为东莞乃至珠三角高水平崛起的强大引擎。

2021年，松山湖高新区启动"松山湖科学城发展总体规划"，并成为粤港澳大湾区综合性国家科学中心先行启动区。松山湖科学城地处粤港澳大湾区中心区域，总规划面积90.52平方千米（含水域），涵盖了松山湖高新区、大朗镇、大岭山镇、黄江镇1园3镇，与规划面积99平方千米的深圳光明科学城直接相连，共同构成190平方千米先行启动区主体。

2021年是松山湖建园20周年，也是松山湖科学城全面启动建设的开局之年，松山湖从"再造一个东莞"的"先手棋"，到引领东莞高质量发展的"主引擎"，再到推动高水平科技自立自强的"国家队"，实现了数次飞跃。松山湖独特的发展路径，既可以被看作是中国高新区和科学城建设的一个缩影，也可以为全国各地其他地方建设科学城提供更多依据的借鉴。

第一节　从"荔枝林"到"科学城"的蝶变之路

20 年梦想起航，往昔星星点点分布的荔枝林已变成风光旖旎的松山湖，成为东莞著名的地标，也成为大湾区亮眼的创新明珠。从一座水库到会聚一流创新资源、高端人才齐聚、高新企业和科研机构遍地的科技产业园区，再到成为承载东莞城市创新梦想的科学城，松山湖成为一座城市创新发展蝶变的绝佳范本。

一、源起

20 年时间，在一个城市或国家的发展历程中是很短的一段时间，但对松山湖来说，却是一个从无到有再到举世瞩目的跃进。

2001 年 7 月，东莞市提前谋划发展模式转型和创新，提出开发建设松山湖科技产业园区，规划控制面积 72 平方千米，并定名为松山湖科技产业园，将其明确为未来东莞的经济科技中心。同年 11 月，松山湖科技产业园经广东省政府批准成为省级高新区，并更名为东莞松山湖科技产业园区。2002 年 1 月，园区正式奠基。松山湖被评为"中国最具发展潜力的高新技术产业开发区"，犹如黑马，扬蹄欲奔。2004 年 9 月，联系东莞市区与松山湖科技产业园区的重要通道——松山湖大道建成通车。2005 年 3 月，东莞市第十三届人民代表大会第二次会议通过《东莞松山湖科技产业园区开发建设规定》，该规定指明了松山湖的发展方向、目标和定位，是园区建设发展的依据和行动指南。

2006 年 6 月，东莞市委、市政府作出了整合东部快速路沿线寮步、横沥等六镇汇合处土地的决策，开发建设东莞生态产业园，规划控制面积 31 平方千米。2007 年 2 月，中国科学院与广东省政府签署合作备忘录，共同向国家申请在莞建设国际前沿的高科技和多学科应用的大型研究平台——中国散裂中子源大科学装置。

2010 年 9 月，松山湖经国务院批准升格为国家高新技术产业开发区。同年 11 月"东莞松山湖高新技术产业开发区"授牌，松山湖成功晋级"国家队"，终结了东莞无国家级开发区的时代。2011 年东莞生态园成为广东省首批省级循环经济工业园区；2013 年获批建设国家生态示范工业园区。

2014 年 12 月，东莞市将松山湖高新区、东莞生态园合并，实行统筹发展。2015 年 9 月，园区成功入围珠三角国家自主创新示范区，初步确定"1+2+N"（即一轴线+两核心+周边镇）空间布局。

2016 年 2 月，时任广州省委书记胡春华、省长朱小丹赴东莞松山湖高新区调研，强调要按照中央和广州省委的决策部署，加快推进珠三角国家自主创新示范区建设，把示范区建设成为带动全省创新发展的引擎，把创新驱动发展战略落到实处。

2017 年 3 月，松山湖（生态园）与石龙、寮步、大岭山、大朗、石排、茶山周边六镇组成松山湖片区，作为试点率先拉开全市片区统筹联动组团发展帷幕。以散裂中子源等大科学装置为核心的松山湖中子科学城和位于企石镇的东部工业园也被纳入园区统筹范围。2018 年 8 月，中国散裂中子源项目顺利通过国家验收，正式投入运行。

2019 年 4 月，东莞市启动通过强化功能区统筹优化市直管镇体制改革，松山湖功能区在原来松山湖片区"1+6"的基础上，增加横沥、东坑、企石三个镇，统筹发展功能区范围内"一园九镇"发展规划、区域开放、招商引资、重大项目建设和政务服务效能提升五大领域工作。

2020 年伊始，松山湖中子科学城正式更名为松山湖科学城。2020 年 7 月，松山湖科学城正式纳入粤港澳大湾区综合性国家科学中心先行启动区。2021 年 4 月，粤港澳大湾区综合性国家科学中心先行启动区（松山湖科学城）建设全面启动。

可以说，松山湖用 20 余年实现了从"荔枝林"到"科学城"的质的飞跃，也为世界创造了一个"科技共山水一色、新城与产业齐飞"的传奇。

二、规划

通常，东莞给人的城市意象就是巨大的、连绵不断的工厂以及工厂的配套区，而松山湖科学城的出现，为东莞走向新时代的生态文明、科技文明提供了契机，而松山湖这 20 余年的规划、设计与建设也正是基于这一核心命题展开的。

在 2001 年的松山湖新城总体设计以及其后开展的各项专项规划设计中，主要突出以下几个环节：

1. 以"区域"为核心的经营思路

21 世纪初，以镇村为发展单位的"东莞模式"在号称"世界工厂"的东莞还如日中天。但东莞市政府却深感此种发展模式和产业结构潜藏危机，提出了介入镇街、整合发展的"松山湖计划"。

松山湖新城位于四镇交界区域，距离东莞城区 15 千米，占地 70 平方千米。对松山湖最初的构想是市镇联合建设"科技产业园"，以进行产业结构的调整和发展模式的转型尝试。经过总体规划、总体城市设计之后，东莞市政府进一步明确将松山湖发展为在区域有影响、有作为和能体现东莞整体功能性的城市平台，成为"经营产业、经营城市、经营智力、经营文化"的东莞新城。

2. 以"新城"为核心的规划理念

2001 年松山湖高新区建立之初，负责整体规划的中国城市规划设计研究院提出按照"新城"而非"产业园区"的规划设计理念开展园区规划设计，这在当时具有相当大的前瞻性和突破性。面向珠三角高端产业和高端人才，探索和实施了山水城市、生态城市、设计集群、新城文化、滨水生活的前瞻性城市化路径。按照"科技共山水一色"的建设目标完成了第一版园区总体规划、中心区城市设计、市政专项规划等重要项目的编制，并谋划推动了以文化经营松山湖来实现新城价值高地的策略。

3. 以"生态"为核心的空间格局

一是以生态山水为核心的景观格局。城市设计明确了以生态安全网络为基础的山水景观特征为实现城市主题的核心空间，是城市最基本的景观和空间结构。生态和景观安全格局在全园区表现为大公园式的城市特征系统，为城市的观景和景观创造了条件。这是松山湖新城最重要的永久性城市特征之一。

二是以生态山水为核心的公共空间。用最好的资源、表现最大的公共性、形成最普遍而兼容的控制力，是松山湖新城城市设计的核心标准。松山湖是新城最为核心的公共空间，城市设计关注滨湖地区开发"质"与"量"的控制，设计环湖休闲道，保证滨湖空间资源的公共开放性，同时划定不同的开发控制地区，严格保护生态城市的本源和城市特征的内涵。总长约43千米的滨湖岸线完全对公众开放为公共休闲用途，这在国内新城建设中尚属首次，但却成为松山湖脍炙人口的场所甚至景点，也将"核心资源公共化"的设计理念传播长远。环湖多功能休闲道成为自行车骑行的日常活动场所，也是东莞马拉松等文体盛事的举办地。

三是以自然和人为核心的公共系统。公共系统包括城市生态安全空间系统、城市公共功能空间系统、城市交通系统等。依托于生态大公园系统作为松山湖新城公共空间秩序和组织公共服务功能的基础，各种城市功能都"附着"在这些永恒不变的生态空间上，并以顺应生态环境为设计首要考虑。同时，利用可持续和亲近自然的观念，促进新城积极的生活方式。以交通系统为例，与现状地貌特征相生相合的山地道路形态，确立了新城轻松舒缓、亲近自然的环境心理尺度。新城主干道路系统虽然按照支持机动车可达性的标准设计，但通过人行道分离设计和分区政策管理，城市设计着力增强出行系统的人性化，并提倡公交导向的公共设施开发。同时，设计和组织多种方式的步行和自行车交通，利用可持续和亲近自然的观念，促进新城积极的生活方式。

4. 以追求场所和文化价值为核心的松山湖设计标准

2002～2004年，30余位优秀中青年规划师和建筑师，为松山湖整体规划以及近80万平方米的公共建筑开展集群设计。这次设计几乎囊括了中国乃至全球，尤其是珠三角最优秀的规划设计团队，包括中国城市规划设计研究院、中国建筑设计研究院、深圳规划设计研究院等国内顶尖规划设计团队，其中不乏如朱荣远、王澍、崔恺、张永和、汤桦、李兴钢等国际顶尖规划师、设计师[10]。

2005年，中国科学院和中国工程院两院院士、中国建筑学家吴良镛先生在松山湖新城考察时曾说："松山湖新城的发展计划社会学意味很重，非常值得努力尝试。"这个理想积聚了广泛的社会基础和来自各方面的智慧，真实地体现了21世纪初中国城市与中国建筑设计的本土力量和其历史的价值，也正因为如此，这个有几分"乌托邦"成分的新城计划才有可能走到今天，并继续开枝散叶。

三、新城

唐朝诗人王勃在《滕王阁序》中写道："落霞与孤鹜齐飞，秋水共长天一色。"作者以落霞、孤鹜、秋水和长天四个景象勾勒出一幅宁静致远的画面，被千古传唱。与古人相比，如今的松山湖，在山水之间，多了另一种意境，"科技共山水一色，新城与产业齐飞"。而松山湖的成功，除了先进的规划理念以外，也有其独特的建设与发展之路。

1. 融入粤港澳大湾区的区域枢纽

松山湖科学城地处莞深交界，位于广深港澳科技创新走廊中心位置，距深圳约10千米、广州约30千米、香港约50千米，周边交通网络密集，1小时交通圈内机场、高铁、城际轨道、高速公路等交通资源密集，实现快速链接全球创新网络。30分钟抵达深圳宝安国际机场，1小时抵达广州白云国际机场和香港国际机场，通过三大国际机场快速联通全球全国重要创新节点；45分钟即可抵达东莞虎门站，便于粤港澳大湾区创新要素集聚；紧邻松山湖北站，便捷联通广州和惠州两大城市；通过珠三角环线、莞佛、龙大等高速公路与光明科学城、深港科技创新合作区、南沙科学城便捷联系。目前，松山湖科学城与规划面积99平方千米的深圳光明科学城直接相连，共同构成190平方千米先行启动区主体。

2. "科技共山水一色"的"生态之城"

松山湖位于东莞市中部，地处中国最发达的南部经济带和亚洲著名的穗、莞、深、港经济走廊的中段。松山湖所在区域大气环境现状良好，二氧化碳、二氧化硫均达到国家环境空气质量二级标准；地下水水质除 pH 值偏酸外，其他项目均达到地下水 I 类标准；地面大面积被荔枝林和龙眼林所覆盖。园区规划建设面积72平方千米，坐拥近8平方千米的淡水湖和14平方千米的生态绿城。整个园区属适宜开发建设的低丘陵地貌，植被丰富，青山与绿水相映，是一个在经济发达地区少见的、生态环境保持良好的、有广阔发展空间的区域。可以说，东莞的经济发展和城市发展极大地提升了这个区域的自然环境价值，并进一步凸显了松山湖的环境优势。

目前，经过20余年的建设，松山湖科学城"背山面湖、山水相连"，绿化覆盖率超过60%，人均绿地面积是全国标准的6.8倍，全年平均大气环境质量达到国家二级标准。坐拥国家4A级生态景区松山湖，拥有8平方千米淡水湖面、6.5平方千米湿地、14平方千米生态绿地以及0.85平方千米林地。周边拥有罗田水库、松木山水库，与莲花山脉生态带相连，生态环境十分优越，自然资源极为丰富。

"科技共山水一色"，成为松山湖亮丽的名片。时至今日，湖面、湿地、生态绿地依然是构成"科技共山水一色，新城与产业齐飞"的重要部分，但松山湖的"内核"早已悄然改变。如今，松山湖不仅兑现了"再造东莞"的承诺，更成为了东莞创新发展的"火车头"和"加速器"。

20多年间，松山湖由"荔枝林"向"科学城"蜕变，而松山湖的管理者和规划者从未改变最初的立意与方向：通过重塑人与自然的关系，潜移默化地改变城市人的思想与行为，通过建设人性化的城市空间，潜移默化地提升城市文明的内涵与水平。松山湖科学城的发展也将坚持和延续这样的理念。

3. "产城人融合"的配套服务体系

2002~2004 年，松山湖投入资金近百亿元用于征地拆迁和基础设施、配套设施建设。在短短两年多的时间内，建成了一套高标准的基础设施和配套设施，完成了近 60 平方千米土地的征地拆迁任务，建设了以总长度超 100 多千米的道路交通网络为核心的供水、供电、供气、道路、通信等硬件设施，建设了建筑面积超过 100 万平方米的配套设施，种植了超过 200 万平方米的草地。2002~2004 年，完工投入使用的建设项目有广东医学院、东莞理工学院；竣工投入使用的建设项目有国际学校、生产力促进基地、行政办公中心、商务区、松山湖酒店、寄莲公寓等；即将开工的项目有松山湖文化营、松山湖医院等。

在整个配套过程中，尤其值得关注的是松山湖对教育资源的引入。为了打造教育和人才高地，20 多年来，松山湖积极争取东莞市、广东省、教育部等上级部门的支持指导，认真学习全球一流高校的办学经验，研究未来科技和产业发展需求，广泛邀请多位知名专家学者参与决策咨询，在环境最优美的地区拿出最宝贵的土地资源，高水平规划建设多所大学。作为松山湖第一个政府项目，东莞理工学院见证了这一切，创造了地方高校超常规发展的"莞工模式"。

20 多年来，松山湖创造了骄人的发展业绩。应对金融危机，进行产业升级；瞄准创新产业的发展，着力科技创新；融入粤港澳大湾区，建设国家级综合性科学中心，科技创新竞争力和城市品质同步提升。

除了东莞理工学院外，东莞职业技术学院、广东医科大学等多个院校也积极参与东莞城市建设，获得诸多机遇和多方支持，办学水平与综合实力加速向上向好提升，取得人才培养质量持续提升、学科专业结构优化、高层次人才加速集聚、科技创新能力增强等优异成绩。

而且，为了孵化这块土地，大湾区把倾全力打造的大湾区大学（在建中）选址到了松山湖，足见松山湖在大湾区中的地位。香港城市大学（东莞）也选址松山湖，就是为了要给松山湖科学城这片土地输入科创人才。

在配套层面，从松山湖科技城创立以来，东莞陆续引入了东莞松山湖中心小学、东莞松山湖实验小学、东莞中学松山湖学校等全龄的优质学府。同时，松山湖科学城核心创新区正规划打造科学会堂、会议中心、科技图书馆、科普馆等一系列创新配套设施，各类公共文化服务空间也纷纷落地。这些教育和公共空间的落地，就是为了能让引进来的人才能够扎根于此。为了让环境更优，松山湖还将汇聚广东首家悦榕庄酒店、世界品牌酒店凯悦酒店、华南最大规模万象汇等国际成熟生活配套。

随着一流学府的不断落户，高学历人才的培养、科研与科技成果转化活动，必将带动松山湖的科研创新能力的进一步突破，推动科技、产业、人才联动发展，为松山湖带来极为重要的战略机遇期和历史窗口期。

未来，松山湖的目标是建设一个立足大湾区、服务全国、面向全球的世界一流大学集群，以便集聚更多高端创新资源和高素质人才，为加快完善东莞的创新生态，为大湾区建设国际科技创新中心提供更加有力的支持。

4. 强大而精准的招商服务能力

松山湖一开始就坚持"具有自主知识产权、强大科技创新能力"的定位，因此环湖规划了大量的科研用地，同时凭借优美的自然环境和良好的区位优势，以及政府的招商补贴政策，吸引了众多高校、科研机构、研发企业等入驻。

在产业方面，2003年松山湖累计合同引进资金18.5亿美元，其中工业合同引进资金约10亿美元，共引进12家生产性企业（包括生物医药、锂电池、光盘、润滑材料、发电机组等行业）；投资密度约为11.65亿美元/千米。投资密度达到了国内园区先进水平，超过苏州工业园区总体平均水平，基本达到上海张江高科技园区的水平。正在重点跟进且投资意向明确的生产性企业6家，预计总投资额近 4 亿美元。

在教育方面，进入园区的学校有东莞理工学院（占地 1500 亩，2003 年已招生 1500 多人）、广东医学院（占地面积 1084 亩，2003 年已招生 1000 多人）、中山大学松山湖生物技术学院（占地 50 亩，正在建设）；国际学校（中小学均有，占地 492 亩，主体已完成）。

在研发方面，随着生产力促进基地建设的推进，吸引了一批潜力大、技术含量高的研发项目。自建大学虽费时费力，但作为本地科技人力资源的培养地和吸引外来优秀人才的平台则至关重要。同时，政府陆续出资引入了以广东华中科技大学工业技术研究院为代表的一批新型研发机构，支持其设立孵化器，发挥科技成果转化、企业升级顾问等重要作用。2006 年，在中国散裂中子源选址之时，东莞市高瞻远瞩，主动引入松山湖附近，将散裂中子源这一国之重器与松山湖高新区相结合，使得今日松山湖变身科学城的重大机遇成为可能，甚至拥有了广州、深圳都难以媲美的先机优势。

2010 年前后，随着莞深同城化加速，更多技术密集型企业、大型龙头企业向松山湖转移，包括中集、华为、东阳光等，松山湖成为粤港澳大湾区创新动能"再汇聚"的重要目的地。

强大而精准的招商能力背后是一支特别能战斗的干部职工队伍。21 世纪初，松山湖通过公选招聘了一批优秀海内外人才，并从全市各部门、各镇街吸引了一批优秀骨干。到了 2002 年，松山湖管委会成员已经有 100 多人，平均年龄 40 多岁，大多毕业于北京大学、清华大学、中国人民大学等顶尖名校。多年来，松山湖全体干部职工认真学习贯彻落实东莞市委、市政府对松山湖建设发展的指示精神，不断优化队伍结构，加强党风、政风建设，积极开展学习教育活动，高质量地完成了征地拆迁和规划建设任务，形成了一支整体素质高、平均年龄轻、文化程度高、敬业精神强、精神面貌好、思想作风正、组织纪律观念强、特别能战斗的干部队伍。

第二节 从"世界工厂"到大湾区原始创新战略枢纽

纳入大湾区综合性国家科学中心先行启动区，面向全球代表国家深度参与国际科技竞争与合作，打造具有全球影响力的原始创新策源地，站在全新的历史起点上，松山湖的蝶变之路正在拉开序幕。

一、产业发展驱动集群创新之路

现代意义的城市发展，总是先有产业，再有城市，产业决定了城市的未来。东莞是国际制造名城，松山湖高端新一代信息技术、生物技术、机器人与智能装备、新能源等新兴产业集群基本形成，大朗毛织、大岭山家具、黄江电子等传统特色产业全国知名。松山湖与周边镇组成的功能区工业门类齐全，制造业产业链完善，产品迭代速度快，产业化效率高，为科学城的中试验证和成果转化奠定了坚实基础。

过去 20 多年以来，松山湖依托东莞世界工厂的制造优势，积极构建创新型经济发展格局，成为推动东莞乃至粤港澳大湾区经济高质量发展的新引擎。[11]

如果东莞整体定位为世界智造中心，那么松山湖毫无疑问就是这个世界智造中心的大脑。最典型的案例，即它建成了两大国家大科学装置——中国散裂中子源和南方先进光源。

肥沃的制造业"土壤"，孕育滋养了新科技、新产业之"花"。当前，华为、生益科技、易事特、华贝电子等越来越多的行业龙头企业在风光旖旎的松山湖畔集聚。

未来，松山湖科学城依托该区域科学装置、科研平台、人才等创新资源高度集聚优势，紧紧围绕"科技创新＋先进制造"，进一步加快培育新兴产业，推动龙头企业加速崛起，科技企业苗壮成长，创新要素加速流动。可以预见，松山湖科学城，一个具有全球影响力的新兴产业发源地正加速形成。

作为引领东莞创新发展的主引擎，松山湖产业建设成效如何，一直备受瞩目。以下我们梳理了关于松山湖电子信息、生物技术、机器人与智能装备、新材料、生产性服务业等新兴产业发展重点，剖析了松山湖的产业布局，总结了产业发展值得借鉴的松山湖经验。

1. 站上"世界级"的电子信息产业集群

（1）世界级企业引领的产业集群。

一直以来，松山湖乃至东莞最出名、最有优势的产业就是以华为为代表的电子信息产业。松山湖信息技术产业已成为千亿规模的支柱产业，通信设备和智能终端等领域更是居国内领先地位，达到世界先进水平，形成以信息通信技术产业为核心的，从基础设备、通信网络、研发、平台、生产、运营管理到应用服务较为完整的产业链条。

近年来，松山湖电子信息产业迅猛发展，规模以上电子信息企业盈利比例连续三年保持在70%以上；电子信息转型升级基地聚焦电子信息产业链，目前已聚集了以华为终端、华贝电子、生益科技、普联技术、歌尔智能、长盈精密、蓝思科技等为龙头的电子信息上下游企业1000多家，涵盖了移动通信网络、智能终端、光电、新材料、消费类电池、装备以及IC设计、软件开发等众多领域。2021年，松山湖拥有信息技术规模以上企业113家，占松山湖规模以上企业总数的33.24%，其中新一代信息网络产业企业共计16家，电子核心产业企业53家，新兴软件和新型信息技术服务企业17家，互联网与云计算、大数据服务企业17家，人工智能企业10家。

（2）完整布局的产业链条。

松山湖电子信息产业集群涉及智能终端、5G通信、集成电路以及软件、人工智能和互联网信息服务等产业生态。

智能终端产业方面，拥有完善的智能终端产业体系，形成了以整机生产制造为主，涵盖了从方案设计、元器件和模组、电池、周边配件、整机制造到应用服务等产业链全部环节，呈现企业和科技服务平台融合集聚发展的态势。

　　5G 通信产业方面，凭借良好的电子信息制造业基础，松山湖高新区在 5G 领域已呈现出较为良好的发展态势，在基站系统、网联架构、5G 终端和 5G 应用方面均有布局，在网络设备、光纤、光器件、光模组、PCB、天线及终端领域均有实力较强的龙头企业。结合园区 5G 发展规划布局，规划建设了 678 个基站，实现 5G 网络全覆盖。基站建设集中了华为机器、生益科技、长盈、大族激光、大普、亨通、弗兰德等代表性企业。另外，华为 5G 应用综合示范区将建设成为网络设施领先、示范应用深度融合、产业体系较为完善、创新能力显著增强、发展后劲较为强劲的 5G 创新应用和产业发展核心区。5G 基站产业链全景图如图 3-1 所示。

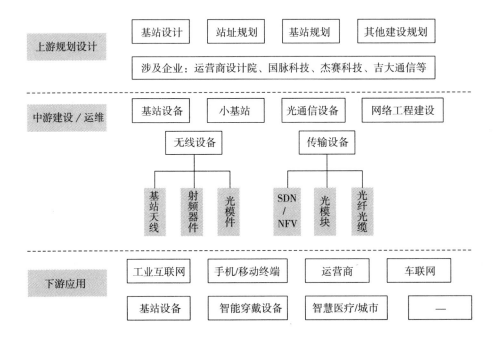

图 3-1　5G 基站产业链全景图

资料来源：赢城产业研究院。

集成电路产业方面，园区集成电路产业处于快速发展态势，集中了东莞市大部分的 IC 设计企业和材料设备企业，初步形成集聚态势。但相比深圳、广州、珠海等城市，其产业总体规模仍然较小，高端企业、龙头企业较少。松山湖累计入驻集成电路制造企业 50 余家，既有中国大陆 IC 设计企业，也有台湾地区投资企业；既有记忆储存科技、合泰半导体、赛微微电子等知名上市公司，也有创业企业。企业业务类型涉及传感器芯片、运动控制芯片、电源管理芯片、视频监控及数码照相芯片及电子元器件芯片设计等领域。松山湖 IC 设计企业包括台湾芯片设计领导品牌、上市公司盛群半导体，投资 6000 万元在松山湖设立合泰半导体；赛微微电子专注于移动设备的电量计芯片，累计出货量突破 4 亿颗，其芯片广泛用于无人机、手机、运动手环等领域；合微集成电路公司研发出我国首款具有自主知识产权的胎压监测芯片，打破国际芯片厂商的垄断并获得多家整车厂商和后装供应商使用。目前，园区已形成在细分领域龙头企业带动下，一批有潜力的初创企业共同发展的集成电路设计产业格局。

软件、人工智能和互联网信息服务产业方面，据统计，松山湖软件、人工智能和互联网信息服务产业共有 1000 余家，主要集中于新兴软件开发、新型信息技术服务，聚集了软通动力信息技术、广东世纪网通信设备等一批强有实力的企业。

以电子信息产业集群为依托，松山湖也在持续发力引入多个新兴战略领域龙头企业，生益科技、易事特等一大批研发型、总部型项目及行业龙头进驻松山湖，形成更多高端产业集群。

（3）以核心企业为突破口的特色化发展路径。

当前，信息技术与制造业加速深度融合，催生了 5G、大数据、云计算、物联网等新一代信息技术，电子信息产业呈现智能化、高端化、服务化等趋势，为松山湖乃至整个广东省新一代电子信息产业实现跨越发展带来了战略机遇。但全球产业竞争加剧及国内产业发展动力转换也带来了严峻挑战，为积极应对复杂多变的国内外经济发展形势，对标世界最优最先进，要立足电子信息产业规模较大、产业链配套较完善、部分关键技术取得突破的发展优势，聚焦以补齐短板做强产业链、以市场为导向提升价值链、以核心技术发展创新链，努力抢占未来产业发展制高点。

那么，未来松山湖电子信息产业发展机会在哪里呢？在探索集群数字化转型的路径中，松山湖是如何聚焦优势、突出特色化路径的呢？

松山湖长期关注与支持电子信息产业集群的高质量发展，通过制度、服务、创新赋能，园区对集群发展给予了大力扶持，加速企业产业升级的步伐。

为推动园区产业转型升级，近年来，松山湖大力推动新一代信息技术与制造业深度融合，数字化应用（产业数字化）进程加速，数字经济逐步向 ICT 产业与传统产业深度融合方向迈进，产业数字化占比呈逐年增大趋势。

2019 年 10 月，松山湖携手华为，联合 15 家华为生态合作伙伴推出松山湖产业云项目，扶持对象覆盖松山湖高新区+周边 9 个镇街，采用"政府引导+华为云服务+华为生态伙伴"，搭建服务平台的项目模式，全力推动企业数字化转型升级。

松山湖成为电子信息产业集群数字化转型试点，向外界传递了松山湖支持产业集群发展的力度和先行优秀经验，宣传了园区华为等一批电子信息龙头企业，对推进松山湖企业数字化转型升级起到积极的促进作用。

松山湖还将持续推动信息技术产业发展，依托华为等龙头企业优势，抢抓 5G 发展机遇，打好"稳链、补链、强链、延链"组合拳，加快电子信息产业集群转型升级，打造松山湖电子信息高质量发展的区域品牌。

2. 逐步成为国内领头的机器人与智能装备产业

科技变革浪潮中，机器人与智能装备产业早已成为各国关注与竞争角逐的焦点。在工业转型升级驱动、政策大力扶持、资本不断涌入、企业争相发力等多重利好因素的影响下，国内机器人及智能装备市场正迎来井喷期。

"机器换人"是实现制造业转型升级的重要特征。东莞在相当长的时间里，经济发展方式粗放，产业发展主要靠廉价劳动力优势来支撑。面对经济发展新常态、产业转型升级的需要，以及"工业4.0"概念的提出，2016年东莞市人民政府办公厅印发《关于大力发展机器人智能装备产业打造有全球影响力的先进制造基地实施方案》，明确突破机器人关键零部件的核心技术的目标，培育一批自主品牌的机器人企业，争取将东莞打造成为具有全球影响力的先进制造业基地。

当前，东莞市正处在制造业转型升级的关键阶段；为推动机器人及智能装备产业发展，松山湖紧紧围绕机器人创新人才培养、成果转化、企业孵化，形成了初具规模的机器人与智能装备产业集群。

（1）与制造业协调发展的机器人产业。

根据松山湖管委会提供的数据，截至2021年9月，松山湖园区已集聚超过400家机器人企业，其中高新技术企业86家；集群企业大致可分为：核心零部件企业占比12%，智能装备企业占比53%，系统集成企业占比16%，服务、教育、农业、医疗等机器人企业占比13%。2021年1~9月，机器人产业集群实现工业总产值47.53亿元，同比增长约62%；营业收入43.53亿元，同比增长约46%。

作为"世界工厂"，东莞所积累的制造业优势，给这里的企业带来了相较于欧美更快的迭代速度，而龙头企业的带动，更是加速了这些企业的发展。

与国内其他地方相比，松山湖发展机器人产业有非常明显的优势：

一是市场需求旺盛。东莞是制造强市，制造企业约23万家，还有相当多的传统制造企业急需转型升级，在当前的智能制造和机器换人大背景下，机器人、自动化设备、智能装备有非常旺盛的市场需求。

二是拥有大量工程师、技术工人。配套能力强，产业链完整。专家称，就轻型机器人产品而言，这里的迭代成本是硅谷的1/10，而效率是其10倍。

三是地理位置优越。松山湖与广州、深圳、香港联系方便，既能承接上述三地的知识技术、人才、资金的外溢，也可与全球主要创新中心便捷联系。

四是人才聚集效益明显。松山湖从一开始就注重高端人才引进，从2010年引进广东省第一批创新团队香港科技大学的李泽湘教授开始，陆续有很多行内顶尖专家在园区创业，既有李泽湘这种着重培育创业人才的"学院派"，也有在该行业领域深耕多年的科学家、企业家，以及一大批工程技术人员和年轻的创业者，目前已初步形成了良好人才结构、人才梯队，各类创新人才不断涌现。

（2）完善的配套政策与产业平台。

为发展机器人与智能装备产业，松山湖近年陆续推出相关支持政策及配套措施。

2018年，松山湖管委会出台《松山湖促进机器人与智能装备产业发展暂行办法》，针对企业资质及宣传推广提出奖励方案，特别是在首台套设备方面在东莞市奖励金额下再给予50%的奖励，其他还有骨干企业认定奖励30万~200万元；对参加国内外知名展会、举办新产品发布会、行业峰会等活动给予50%的补助。

此外，松山湖打造国际机器人研究院、广东省智能机器人研究院两大机器人产业平台，着力创新孵化培育，注重核心零部件发展，推动产业发展弯道超车。从研发平台松山湖国际机器人研究院和广东省智能机器人研究院，到检测机构东莞市质检中心的省级智能制造装备检验站、园区财政投入、由盈动高科运营的运动控制精密测量实验室，再到博实睿德信机器人产业基金，整个公共支撑平台比较完善。

（3）专业化的产业载体。

松山湖机器人与智能装备产业加速器项目总投资近12亿元，规划有20万平方米的生产区，3.7万平方米的研发区，9万平方米的生活区。项目规划重点引进机器人产业上下游以及相关配套服务科技企业、行业组织和服务机构，为东莞机器人及智能装备产业增添新动力。

在片区统筹后物理空间的谋篇布局上，松山湖作为"大脑"将引领片区在核心部件上突破，其余六镇则在智能装备制造、集成服务方面继续发力。松山湖片区将规划建机器人与智能装备加速器，该项目由李泽湘团队建设运营，发挥园镇产业优势和资源互补效应，与片区镇街共建科技园，加速片区机器人与智能装备融合发展。

创新创业政策可以复制，但生态是不能复制的。目前松山湖机器人与智能装备产业日趋完善的生态，让越来越多的企业家、创业家、冒险家选择这里、扎根这里，培育机器人与智能装备产业，园区正在探索一条具有自身区域特色的发展道路。

3. 从无到有的生物产业发展之路

（1）以高端要素集聚逐步形成的生物产业新高地。

东莞的生物产业经历了一个从有到优、日新月异的发展之路。松山湖高新区自建园以来，一直将生物产业作为重点产业发展，从 2012 年东莞开始布局发展，到 2021 年在松山湖建设松山湖生物医药产业基地；东莞生物医药产业从有到优，一个"加强版"的产业集群呼之欲出。

2012 年是东莞大力发展生物医药产业的元年。这一年，东莞市生物技术产业发展有限公司成立，并作为东莞两岸生物技术产业合作基地的综合运营商，承担把生物医药打造成东莞经济新增长极的任务。

自 2012 年该基地设立以来，松山湖园区已成为引领东莞生物产业发展的最重要阵地，聚集了东莞市 80% 的生物产业企业，产业生态日趋成熟，形成了创新药及高端仿制药、医疗器械、体外诊断、干细胞与再生医学等多个产业链的聚集和共同发展。目前，松山湖园区已落户超过 400 多家生物技术企业，包括国内创新药龙头东阳光药业、生物制药领军企业三生制药、国内最大的体外诊断试剂原料供应商菲鹏生物、国内 DR（数字化 X 射线影像系统）行业标准起草与制定单位安健科技、全球第二大先心封堵器系列产品供应商先健科技、全球最大义齿加工企业现代牙科等一批独具创新特色和细分领域龙头企业，初步形成医药研发产业链、医药器械产业链、中成药产业链、体外诊断产业链、学研机构产业支援链、生物技术风投产业支援链等产业链条。2018 年，两岸生技基地荣获商务部组织颁发的"中国生物医药最具潜力园区、最具特色园区"两项大奖。

虽然基地中大多数为中、小初创型企业，但具有很好的成长性，且产业的附加值高，覆盖了创新药及高端仿制药、医疗器械、体外诊断、干细胞与再生医学等多个产业链的聚集和共同发展，形成了集研发、生产、销售于一体的产业聚集态势。

在松山湖园区聚集的 400 余家生物医药企业中，规模以上生物企业 21 家，高新技术企业 32 家。同时，引进了广东省、东莞市创新科研团队 12 个；引进创新领军人才 13 人，专业技术人才约 4138 人，主要从事药品研发与生产、医疗器械研发与生产、生物技术开发、保健食品和生物农业等领域。

从有到优，力求突破是东莞生物医药产业的突出特征。现在，东莞正从加强规划引领和专项政策支持、发挥大科学装置的辐射带动作用、组建生物医药领域产业技术创新联盟等方面着手，打造一个加强版的生物医药产业。

（2）围绕生物医药产业特色制定政策、平台与资金计划。

政策方面，"莞榕计划"是高新区推动两岸生物技术产业合作的重要政策。截至 2017 年，已有 20 家符合入选标准的生物科技企业全部落户松山湖，包括亚诺法生技、双美生物科技、葡萄王生技、晋弘科技、金颖生物科技、穆拉德加捷生技、普生股份、京华堂实业、晨晖生物科技、永胜医疗、惠合再生医学、彦臣生技药品、医百科技、易宏生物科技、捷佳科技、台湾动药、康呈生医科技、映泰股份、昱程科技、同佳国际健康等，产品涉及医疗器械、体外诊断产品（IVD）、保健食品、美容化妆品等多个细分领域。另外也设立两岸生物基地生物产业基金，首期规模人民币 5 亿元，将重点支持基地企业融资及壮大发展。

平台方面，松山湖已建立起一批生物产业科研机构及公共服务平台，包括东莞广州中医药大学中医药数理工程研究院、东莞中山大学研究院生物医药工程中心、华南中医药协同创新中心、广东省医疗器械质量监督检验所分中心、生物医药及生物活性蛋白公共服务平台、小动物实验动物模型公共服务平台、南方医科大学松山湖实验动物基地、联捷药物全分析平台、东莞市食品药品监测中心、广东省医学分子诊断重点实验室等多个产学研平台，具有一定科研能力。

资金方面，则推出了《东莞松山湖促进生物产业发展专项资金管理办法》，政策覆盖研发、生产、市场、平台、金融等产业化过程的关键环节，将对企业新药研发、医疗器械研发过程中各阶段成果给予奖励；对新药、医疗器械产品、保健食品等取得产品证书、对获得国内国际相关认证和资质、对企业建立研发中心或服务平台给予奖励、高企落户等给予奖励；对重特大项目给予重点支持。

4. 国家级大科学装置及材料实验室引领的新材料产业

（1）逐步形成新材料产业后发优势。

东莞作为制造业发达城市，毗邻广州、深圳、惠州，是粤港澳大湾区的重要工业城市，区域位置优越，经济实力雄厚，产业配套较为完整。经过几十年的发展，材料产业规模不断扩大，技术水平日益提高，具有自主创新能力的新材料产业体系正在形成，已具备一定的产业基础。东莞市电子信息材料、新能源材料、新功能材料、生态环境材料等领域的骨干企业，已开始向产业链上下游延伸。目前，中国第三代半导体产业南方基地已落户东莞。

东莞庞大的制造业规模，对材料产业需求旺盛。特别是近年来，东莞市产业转型升级加速，以电子信息为代表的高新技术产业迅速发展，不仅使加工型企业规模快速壮大，而且催生了越来越多掌握核心配方和工艺的材料制备型企业，推进新材料产业不断向产业链上游和价值链高端迈进。

当新材料遇上"东莞制造"，全新的产业升级空间正在开启。新材料作为东莞大力推进的新兴产业领域，对各个产业的发展有着重要的推进作用，更是城市抢占新一轮产业技术革命的重要机遇。为抢占发展先机，制造业底蕴深厚的东莞已先行布局。

2018 年，东莞市发展和改革局发布《东莞市重点新兴产业发展规划（2018—

2025 年）》，其中新材料被列为东莞未来发展的五大重点新兴产业领域之一，到 2025 年东莞新材料产业产值的目标是 2000 亿元。

（2）国家大科学装置形成新材料产业发展动能。

当前，东莞市新材料产业正处于快速发展阶段，松山湖更是新材料企业集聚地，随着专利申请量持续攀升，显示出极大的产业创新活力。此外，松山湖毗邻深圳，还有散裂中子源、松山湖材料实验室，其未来发展动力十分充足。

松山湖新材料产业已具备一定基础，在散裂中子源大科学装置的引领下，新材料产业相关创新的硬实力将不断提升。截至 2021 年，松山湖有规模以上新材料产业企业 23 家，其中先进石化化工新材料企业 16 家，先进有色金属材料企业 5 家，先进无机非金属材料企业 1 家，高性能纤维及制品和复合材料 1 家。

2018 年 4 月，多孔陶瓷团队来到松山湖材料实验室。从北京到东莞松山湖，是地域的变化，更是工作内容的巨大转变。松山湖材料实验室首席科学家、多孔陶瓷团队负责人付超表示："如果把技术比喻为一粒种子，接下来要做的就是给种子选择一个适合生存的土壤，落地到一个一个具体的产业中来，结出形态各异的果实。"

在东莞，让这些新材料领域专家圆梦的优势是明显的——经过多年发展，东莞新材料产业在科研、市场等方面形成了独特的优势。

尤其是在科研方面，近年来东莞市在材料基础与应用基础研究领域集中发力，建设了全球第四台、中国第一台散裂中子源大科学装置，组建了松山湖材料实验室，引进了材料领域的科研人才近千人。同时，东莞在"十四五"期间将继续建设南方先进光源等材料领域重大科研平台，科研优势将会进一步扩大。正在建设的新材料产业平台包括：

一是散裂中子源新材料研发孵化基地。依托散裂中子源大科学装置，加速新材料研发和产业化，加快推进新材料产品标准与下游行业设计规范的衔接配套建设。针对优势领域设立关键共性技术、材料检测与试验、知识产权和应用场景推广等平台。完善大科学装置管理运营模式，引进国际一流科研机构设立分支机构，推动高校、研究机构和企业深度合作，打造基础研究创新科学极地、前沿技术开发高地、高端产业转化园地为一体的新材料产业生态圈。

二是半导体材料研究中心。围绕晶片制造与芯片制造，重点发展以氮化镓（GaN）、碳化硅（SiC）等为代表的第三代半导体材料，推进功率器件、射频器件与光电器件等第三代半导体器件的产业化，推动大尺寸蓝宝石图形衬底低成本化制造关键技术开发及产业化。

三是纳米材料与器件研发应用平台。依托松山湖材料实验室和东莞上海大学纳米技术研究院，围绕电子器件、增强复合材料、药物输送、水处理、纳米医药、三维石墨烯材料等产业方向，加速纳米材料在能源、环境、电子芯片、生物医药等领域的产业化进程，构筑应用导向，产学研结合的产业集群。

（3）强化新材料产业市场应用。

在市场应用上，东莞电子信息产业极为发达，围绕华为、欧珀和维沃形成了较为完善的产业链，在屏幕、摄像头、外壳、电池、元器件等领域都形成了较大的市场，造就了东莞在电子材料领域庞大的市场需求。

东莞新材料领域的企业和科研机构经过多年的探索，已经在部分前沿新材料领域取得了先行优势。比如在第三代半导体领域，拥有中图半导体、中镓半导体、天域半导体等行业内的优质企业，在国内处于领先地位；在非晶合金方面，宜安科技、逸昊金属已经率先向欧珀、华为、特斯拉等龙头企业提供零部件，是中国该行业的领军企业。

5. 逐步形成的生产性服务业创新体系

（1）逐步完善的生产性服务业体系。

生产性服务业的发展水平关系到经济运行效率、经济增长与结构调整和优化，对推动农业、工业、贸易等转型升级，增强竞争力均能起到重要的作用。

近年来，东莞制造业企业的品牌、技术、质量意识觉醒，对包括科技服务在内的生产性服务的需求猛增。生产性服务业是当今全球竞争的战略制高点，如同产业的大脑。面对高端制造业回流和低端市场分流"双重挤压"的东莞，要发展先进制造业，必然要发展生产性服务业，要吸引高端制造业落地，也必然要配套生产性服务业。那么，生产性服务业如何助推东莞制造业转型？

东莞的服务业，尤其是松山湖的生产性服务业，对拉动东莞经济起到极为关键的作用，松山湖的生产性服务业包含科技服务业、信息服务业、商贸服务业、物流服务业、金融服务业、外包服务业等发展重点。

在科技服务业层面，松山湖在科技服务、集成电路设计、产品研发、检验检测服务、工业设计等领域多方面发展，引进了信测检测、易宝软件等一批优质企业。产业集聚效应日益明显，具备了大力发展文化创意产业的坚实基础，集聚了漫步者科技、艾力达动漫、酷乐互娱科技等一批代表企业，拥有广东华南工业设计院、东莞华南设计创新院等文化创意服务平台，布局了生态文化创意谷等一批专业园区。比如，东莞与香港签署《关于"东莞制造"品牌推广五年计划合作备忘录》等合作文本，成功引入香港生产力局等近20家专业服务机构，为外贸企业提供产品研发、工业设计、品牌创建等服务。这些都为松山湖的发展打下了坚实的基础。

在信息服务业层面，松山湖加快培育软件产业，促进制造业硬件软件结合，硬件向软件延伸，推动产业数字化、智能化转型。实现"发展规模、速度、质量、结构、效益"相统一，整合利用松山湖各类载体空间资源，积极开展东莞市软件产业园建设、组建数字信息产业协会、发起设立总规模可达1.5亿元的天使引导基金、申报广东省互联网小镇，以及打造互联网产业园、工业互联网产业园等工作，着力打造独具特色的软件产业集群。

在商贸服务业层面，东莞拥有雄厚的制造业基础。近年来，为加快推动莞深现代服务产业对接，全面推动东莞市现代服务业提速发展，东莞市商务局通过与深圳市电子商务协会签署产业深度合作协议，在人才、市场、原材料、技术等方面进行优势配对，整合莞深两地电子商务新资源，为企业合作共赢牵线搭桥。

在金融服务业层面，比如 2017 年正式启动松山湖基金小镇项目时，首批入驻基金规模近 200 亿元。在全国都在兴办小镇的风潮下，大家都很看好东莞松山湖基金小镇，其中重要的原因是，小镇位于松山湖，是东莞乃至珠三角的几何中心，聚集一批高新技术企业；此外东莞园区统筹发展，与周边镇街关系紧密，产业基础更为雄厚。

目前，发展生产性服务业的条件趋向成熟，科技研发、金融创新、现代物流、电子商务、商务咨询等新业态、新模式不断涌现，东莞市培育生产性服务业的土壤深厚。因此，东莞将推动制造业与松山湖的服务业深度融合，基本构建覆盖制造业全链条的服务体系，促进东莞市制造业从生产型制造向服务型制造转变，为"工业 4.0"奠定重要基础。

（2）通过数字经济打开新局面。

作为国家科技创新策源地、东莞的"创新引擎"，松山湖这片创业热土迎着 5G 通信、大数据、云计算、工业互联网等"新基建"风口，上演着发力新经济新产业，赋能制造转型升级新发展的"好戏"。

松山湖软件和信息技术服务业营收逐年递增，东莞市"倍增计划"软件企业营收增量前 6 名对全市营收增量的贡献率超 100%，其中半数为松山湖企业。在东莞市软件和信息技术服务业集聚区及东莞市软件产业园授牌仪式中，松山湖被授予全市首个"东莞市软件信息化技术服务集聚区"称号。

截至 2020 年，松山湖已聚集软件和信息技术服务企业 360 家。以龙头企业带动产业集聚，松山湖多个软件产业园正依托具有高度竞争力的核心企业和主导产业，并通过产业分工促进上下游企业协作配套，推动优质人才等创新要素集聚，统筹更多产业空间及资源，形成若干微观生态链，迈入产业生态圈构建阶段。

在可预见的未来，现代服务业的加速入场，将极大推动松山湖制造业转型升级达到新高度，助力投资兴业发展，从而提升东莞在粤港澳大湾区乃至世界分工体系中的地位。

以电子信息产业数字化转型为例，瞄准"痛点"的松山湖，在 2019 年 10 月携手华为共同推出松山湖产业云项目。该项目采用"政府引导+华为云服务+华为生态伙伴"，搭建服务平台的项目模式，旨在大力发展工业互联网，促进松山湖相关产业高质量发展；推动松山湖功能区企业由"制造"向"智造"转变，支持企业积极"上云用云"，降低成本、提高效益，提升园区企业智能制造能力。

在智能装备产业数字化方面，以广东拓斯达科技股份有限公司为例，通过架构在华为云工业互联网平台 FusionPlant 上的拓斯达 MES 系统，从全球销售订单响应，到物料库存状况，再到车间生产线情况等都能在电子屏幕上实时呈现。作为松山湖智能装备产业龙头企业之一，广东正业科技股份有限公司过去在售后技术服务方面，每年技术支持的近九成都需要工程师前往现场确认，每次维修平均耗时 1~7 天，售后运维每年花费数百万元。"上云"后，通过将物联网（IoT）系统与供应链管理（SRM）系统相结合，可实现远程检测、远程诊断、远程故障预测、维修件提前备货等，通过在线服务和服务规范化进一步提升售后服务中的客户满意度，取得了明显的经济效益。

利用"上云"推动企业逐步向平台化的工业互联网演进，通过打通设备、生产和运营系统获取数据，实现提质增效，这是涌动在松山湖制造一线的新浪潮，正推动着功能区产业数字化和智能化升级，也成为探索东莞制造从低端往中高端攀升新方式的缩影。

此外，《东莞松山湖高新区关于推动产业高质量发展的实施意见》明确，从 2021 年起 5 年投入 20 亿元，着力推动数字化智能化转型，加快形成先进制造业和现代服务业双轮驱动的现代产业发展新格局。系列产业政策旨在支持实体经济发展，推动产业层级向高端迈进，为松山湖构建多业支撑的现代产业体系提供强有力支撑。其中重点支持发展新一代信息技术、生物、新材料、机器人与智能装备、数字经济、现代服务业以及文化七大产业集群。

根据规划，接下来，松山湖规划和建设广东省数字服务出口基地，旨在推动松山湖数字产业和数字服务出口发展，打造数字服务出口支撑平台，培育数字服务出口新主体，做强做大数字贸易和数字服务。

具体而言，松山湖将围绕加强顶层规划设计、壮大数字经济规模、完善产业生态建设及加快体制机制创新等方面，持续推进基地建设。例如，推动开展"1+5+N"工程，即以松山湖东莞市软件和信息化技术服务业集聚区为数字经济核心，以规划建设的5大软件产业园试点园区为数字经济骨干，以重点企业为产品（技术）策源和应用承接，推动数字贸易和数字服务出口的建设和发展。

除此之外，2021年《东莞市工业和信息化局关于东莞市制造业数字化转型赋能中心的认定管理办法》、2022年《东莞市人民政府关于推动数字经济高质量发展的政策措施》，以及东莞市工业软件创新应用大赛等，都在助力东莞制造的智能升级。同时，还将继续加快基础设施建设、加大平台和场景建设、强化人才引进培育、推动政策精准扶持，为完善产业生态提供良好条件。

二、人才集聚驱动创新之路

1. 松山湖人才战略：打造城市人才特区

人才是创新的根基，创新驱动实质上是人才驱动。近年来，随着松山湖的人才吸引力不断提升，来自各个领域、不同层次的人才荟萃此地，为产业创新奠定坚实基础。

在人才层面，东莞现在已经是千万级人口大城，根据权威机构发布的数据，2021年东莞人口吸引力全国排名第三，而松山湖则是东莞高端人才最为聚集的区域。

20多年来，松山湖已初步构建起以企业为主体、人才为核心、新型研发机构为龙头、孵化器为依托、高等院校为平台、科技金融为助力、科技服务为保障的创新生态体系。通过引入及培育杰出的创新创业人才、优秀的企业家、出色的技能人才，松山湖正形成层次多元、领域宽、数量多的人才队伍。

松山湖已经吸引中国科学院院士和科研团队、创新科研团队、世界级科学家、华为高新技术人员等各类人才。按照规划，至2030年，松山湖总人口规模将达45万。

人才跟着产业走，松山湖产业高端，自然也能吸引相对高端的人才。龙头科技企业和科研机构，加上顶尖人才的流入，雄厚的教育资源，形成了一条完整的"产—学—研"链条。此外，松山湖已拥有包括东莞理工学院、香港城市大学（东莞）、大湾区大学（松山湖校区）、广东医科大学（东莞校区）、广东科技学院、东莞职业技术学院等8所大学，覆盖了从高端科研、技术成果转化到新型技术应用等城市产业发展所需的全链条人才培养领域。

2. 松山湖人才政策：立足未来创新发展需求

21世纪的竞争归根结底是人才的竞争。随着东莞迈入"万亿GDP+千万人口"的"双万"城市新起点，作为创新引擎的松山湖对人才的渴求愈加强烈。

为进一步优化人才创新创业环境，加快人才集聚，打造人才高地，为大湾区综合性国家科学中心先行启动区（松山湖科学城）建设提供智力保障，松山湖出台"1+N"系列人才政策。

一是突出用人主体，实施"一体一策"。为进一步发挥用人单位的引才优势，鼓励用人单位走在引才第一线，《松山湖高新区关于推动松山湖科学城人才优先发展 打造人才高地的实施意见》（以下简称《实施意见》）结合用人单位特点及引才需求实际，给予个性化的引才支持和激励，提升用人单位人才吸引力。

二是聚焦人才需求，加强安居保障。针对人才安居需求，结合松山湖功能区"一园九镇"统筹发展格局，扩大人才房统筹供给方式和来源，灵活解决人才居住需求。

三是围绕创新发展，强化人才储备。除了加大力度引进人才，《实施意见》还围绕创新链产业链，强化了本地人才的培养。从支持高等院校、社会培训机构、企业实训基地等方面加强对人才培养载体的建设；《实施意见》第十五条对博士后这类重点人才在站和出站给予支持，鼓励博士后人才在松山湖长期发展。

四是优选创业项目，转变扶持模式。为提高财政资金绩效，激励优秀项目成长壮大并扎根松山湖，改变以往无偿给予财政资金扶持的模式，《实施意见》明确以投代补，通过设立天使基金，扶持引进符合松山湖主导产业方向的种子期、初创期人才项目。

五是提升人才服务，优化人才生态。一方面从发展人力资源服务业入手，鼓励优质人力资源服务机构，参与人才引进、评价、服务，延伸政府人才工作和服务触角。另一方面以松山湖人才港建设为抓手，打造人才服务的高品质、一站式窗口，并通过扩大优质公共资源供给，优化配套建设，打造健康的人才生态。

3. 松山湖人才成就：因人才成就产业

松山湖"千里买马骨"的人才政策，不仅引来了众多的全球高端人才，还带动了新的产业。

以下以机器人产业为例。值得一提的是，很多年轻的机器人产业的创业者都因一个人而来到松山湖，他就是香港科技大学教授李泽湘。由香港科技大学教授李泽湘创办的东莞松山湖国际机器人产业基地（XBOT PARK）闻名于国际机器人领域，与之相配套的还有专门孵化机器人公司的基金——XBOT PARK 基金。一心帮助学生创业，致力于把科研成果从实验室推向市场的李泽湘，在机器人领域闻名遐迩，以"导师+学生"的天使投资模式，成功投资孵化了大疆、李群自动化、云鲸等一系列高科技企业。

几年前，李泽湘为了给创办的几家企业寻找新的发展腹地，他在以深圳科技园为圆心，周围一小时车程内的产业园区考察一遍后，选择了松山湖。2014年11月，李泽湘联合香港科技大学工学院原院长高秉强、长江商学院副院长甘洁等一众优秀创业导师联合发起了东莞松山湖国际机器人产业基地。

就这样，李泽湘把自己在香港科技大学创办的"3126"实验室，从香港带到了东莞松山湖，并成功孵化了一批机器人领域的创新企业。据悉，松山湖国际机器人产业基地是目前全球硬件孵化成功率最高的区域。用李泽湘的话来说，在这里孵化的团队，基本上 80% 都能够走下去，"这种成功率，尤其在硬件孵化领域，世界上很难再有第二个"。

相关公开数据显示，东莞松山湖已经有超过 400 家机器人公司，形成了孵化期、成长期和成熟期三个企业梯队。此外，还有 30 多家新型研发机构，源源不断地输出研发成果。

机器人产业的创业者和企业能在松山湖聚集，李泽湘无疑是重要"推手"。李泽湘这种从零孵化的行为，背后却是一整个机器人产业发展的逻辑。机器人是一个多学科融合的行业，有软件、硬件、设计等，需要多方面能力的人才，只有把各个环节上的人才吸引过来，才能产生人才聚集效应，才更利于产业发展。除了营造良好的创业氛围，李泽湘还为创业者提供所需，包括系统性的思维思考、产品的方法论、搭建供应链和产业界人脉资源、把框架搭建好进行快速试错。而这些对创业者来说，几乎和资金同等重要。

如果说李泽湘是松山湖机器人产业崛起的"灵魂"，那东莞的产业配套环境和政府的强有力支持则是"躯干"，实实在在地帮助科技成果落地、走向市场。而最为创业者心动、能让他们在松山湖实现创业梦想的，则是东莞完善的产业配套环境。

创新是第一动力，人才是第一资源。城市与人才共荣共生，越发强劲的人才吸引力，正显露出松山湖步步攀升的城市活力。当人们讨论松山湖如何为东莞"科技创新+先进制造"开拓探路之时，人才，是这一创新核心引擎过去 20 余年，也是未来始终坚持的不二法宝。

三、科技创新驱动发展之路

1. 散裂中子源：不经意间的一颗种子

松山湖的成功离不开先进的运营理念和 20 余年的持续经营，但也有一定的历史机缘。"十一五"初期，国家提出要建设中国散裂中子源，初定在制造业发达的珠三角地区。2006 年，中国科学院经过多次论证，莞深交界的巍峨山由于地质条件好、年沉降小，能满足中子源的工程要求，最终落定大朗镇水平村。

中国散裂中子源（Chinese Spallation Neutron Source，CSNS）是全球第四台、我国首台中子散射装置，是探索物质微观结构的"超级显微镜"。作为面向全球开放的公共实验平台，散裂中子源将为物质科学、生命科学、资源环境、新能源等基础研究和技术研发提供强有力的研究工具，对解决前沿科学问题、"卡脖子"难题具有重要意义。

2. "双轮驱动"加速高端创新要素集聚

随着华为终端总部搬迁、散裂中子源打靶成功，松山湖进入了"技术开发—基础研究"的"双轮驱动"的发展阶段。

2013 年，华为终端总部落户松山湖南部滨湖地区，标志着松山湖即将开启一个新的时代。2017 年初，为解决华为终端总部交通及配套问题，松山湖管委会组织"松山湖南部滨湖地区城市设计国际竞赛"。2017 年 9 月，散裂中子源首次打靶成功，进入试运行阶段，松山湖正式步入"双轮驱动"的发展阶段。2017 年 10 月，东莞市正式发布了《东莞中子科学城概念规划》，确定了科学城的战略使命、功能布局和建设重点；规划针对存量地区的特点，提出了"区域共建""双轮驱动""务实推进"等策略。

由于散裂中子源的带动作用，各类高端创新要素不断涌入，多年前埋下的"创新种子"破土发芽，松山湖进入了科技创新的"密集收获期"。

收获一：2018 年 3 月，中国科学院院士王恩哥考察科学城，筹备松山湖材料实验室；同年 11 月，粤港澳交叉科学中心在松山湖揭牌。收获二：2019 年 9 月，南方光源研究测试平台项目正式动工，标志着大装置集群建设按下了"加速键"。收获三：2020 年 1 月，中子科学城正式更名为松山湖科学城，面积也由原来的 53.3 平方千米调整至 90.5 平方千米；7 月，发改委、科技部批复松山湖科学城与深圳光明科学城共建大湾区综合性国家科学中心先行启动区；11 月，2021 粤港澳院士峰会暨松山湖科学城会议在松山湖科学城召开；12 月，香港城市大学（东莞）定址松山湖科学城。收获四：2021 年 4 月，大湾区大学（松山湖校区）落户松山湖科学城。

3. 重点开始向原始创新领域突破

在原始创新、集成创新、产品创新、应用创新、管理创新的创新之路中，东莞最具优势的无疑是应用创新和模式创新，然而国家交给东莞的重要使命是发展原始创新。那东莞如何实现原始创新突破呢？

（1）超越自我不断突破的创新思维。

开放合作是松山湖出生就自带的基因，也是面向新征程、迈向高质量发展的秘诀。东莞提出，要举全市之力、聚八方之智落实国家战略部署，建设具有全球影响力的原始创新高地。

从诞生之日，松山湖就一直在不断超越自我的发展格局下谋划工作。为东莞发展探索新模式、为广东发展作出新示范、为全国发展创造新经验——这一切都共同指向大湾区综合性国家科学中心先行启动区的建设。

从 2005 年起，松山湖凭借交通区位、产业配套、生态环境等优势，吸引了华为的目光。强企的到来，不仅是 GDP 的增值，更重要的是产业生态圈的改变。随着华为的到来，众多上下游合作伙伴也随之搬迁到东莞，以便为华为提供更快捷高效的服务。比如，软件服务商中软国际、易宝软件、软通动力、华微明天等，一大批华为供应商随之而来。更重要的是数万名研发人员扎根松山湖，为东莞产业转型升级提供了强大的智力支撑，成为未来改变东莞的重中之重。

（2）建设基于原始创新的科学载体。

科技立则民族立，科技强则国家强。如何实现高水平科技自立自强？摆在第一位的是"加强原创性、引领性科技攻关，坚决打赢关键核心技术攻坚战"。建设综合性国家科学中心，离不开原始创新成果和从"0"到"1"的突破。

坐拥全球材料科学领域最先进的重大科技基础设施——中国散裂中子源，是继英国、美国、日本之后全球第四台、中国第一台的脉冲式散裂中子源，于

2018 年通过验收正式投入使用，为材料、信息、生命等科学领域提供综合性服务，驱动新材料、新一代信息技术、高端装备制造、生命科学、新能源等产业创新发展。围绕中国散裂中子源，松山湖科学城加快布局南方先进光源、先进阿秒激光设施等一批大科学装置，进一步强化科技产业创新能力。

在当今世界的科技竞逐中，从"0"到"1"的原始创新和突破已成为国际竞争的重要部分，这对科技基础设施提出了更高的要求。中国散裂中子源为大湾区综合性国家科学中心先行启动区的创新驱动注入澎湃动力，为国家科技发展提供源源不断的"活水源泉"，也吸引着越来越多全球顶尖的科学家在东莞聚集。

目前，中国散裂中子源注册用户超 2600 个，完成了来自全球众多高等院校、科研院所及企业的课题超过 600 项，涵盖了新型储氢材料、锂电子电池、新型超导材料、高强钢、太阳能电池薄膜等众多应用领域，并取得了重要成果。

（3）打造具有全球影响力的中试验证和成果转化基地。

目前，松山湖已建立起以新型研发机构为支撑，以松山湖国际创新创业社区（原松山湖大学创新城）为标杆的应用技术研究及成果转化平台，打造高效科技成果转移转化生态。新型研发机构持续开展技术创新、成果转化和研发服务，服务东莞企业超过 5.5 万家，技术合同超 34 万份，成为辐射带动东莞创新驱动发展的排头兵。

目前，松山湖科学城已成立了东莞华中科技大学制造工程研究院、松山湖国际机器人研究院、广东省智能机器人研究院、深圳清华大学研究院创新中心、北京大学东莞光电研究院、电子科技大学广东电子信息工程研究院、东莞材料基因高等理工研究院、华南协同创新研究院、中国科学院云计算产业技术创新与育成中心、东莞北京航空航天大学研究院等 30 家与当地产业紧密结合的新型研发机构，它们为产业关键技术突破提供了有力的科技支撑，产业链与创新链的协同、融合更加紧密。

地处改革开放的先行地，产学研深度融合一直是松山湖创新的一大特色。

2019 年，松山湖材料实验室汪卫华院士团队的研究成果入选 2019 年度中国科学十大进展；2020 年，该实验室又有成果入选"中国重大技术进展"。在集中力量突破原创性科研成果的同时，松山湖材料实验室还积极推动成果从实验室走进车间，目前已在当地孵化众多产业化公司。

松山湖材料实验室成立于 2018 年，是广东省重点布局的首批 4 家省实验室之一。粤港澳交叉科学中心则是松山湖材料实验室的核心板块之一，主要进行材料研究，同时涉及物理、生物、能源、信息、先进制造等多个学科。

松山湖实验室在建立初期特地设立了粤港澳交叉科学中心，其主要目的就是促进科学家之间的交流。粤港澳交叉科学中心通过广东、香港、澳门的高校资源和工业发展等优势，在全国培养科研人才、开展前沿的科学研究。粤港澳交叉科学中心专门设立了卓越青年学者基金和资深访问学者基金两只基金，面向全球招聘具备优秀研究技能、创新学术见地、跨学科创造力的科学家。其中，卓越青年学者基金用于鼓励粤港澳地区优秀青年科学家坚持自己独立见解、独立创意和研究；资深访问学者基金则用于鼓励粤港澳知名学者到松山湖来交流访问讲学，打造知名国际会议和讲习班，为实验室发展提供战略咨询。

粤港澳交叉科学中心将成为粤港澳科技领域的亮丽名片，也必将为推进粤港澳大湾区国际科技创新中心的建设作出重大贡献，为中国实施创新驱动发展战略和建设世界科技强国提供有力支撑。

随着松山湖产业链和服务链的不断完善，越来越多的国际合作在这里碰撞出火花。未来，松山湖将深化开放合作，积极融入粤港澳大湾区，全面参与国际竞争合作。加强与广深的联动，积极融入深圳都市圈建设，主动承接广深的创新外溢和辐射；依托松山湖国际创新创业社区等平台，深化与港澳之间的合作。同时，以港澳合作为桥梁，进一步扩大国际合作的范畴。

第四章　孵化与培育：松山湖产业载体建设的发展之路

如果你问一个东莞人，20 年前的东莞是什么样子的？他会告诉你：家具厂、玩具厂、衣帽服装加工厂、电子厂……如果你问他对东莞现在的印象是什么？那他一定会告诉你：松山湖、华为、VIVO、OPPO、步步高……

毫无疑问，这是一个从"中国制造"到"中国智造"的典型缩影。松山湖科学城重要的发展路径，就是围绕各类产业，打造各类专业化、智能化、平台化的产业载体，作为吸引各类优质企业、推动产业发展的重要引擎。因此，我们希望通过对松山湖各类典型产业载体的研究与分析，为国内各类产业园区、科技地产、科技园区的发展提供借鉴。

第一节　松山湖产业载体概况

2021 年是松山湖建园 20 周年，朝着打造"4+1"现代产业体系的方向阔步向前，众多指向产业高端的产业集群正在 72 平方千米的土地上崛起，引领传统产业往"微笑曲线"的两端延伸，开启"世界工厂"的转型典范。

在《广深科技创新走廊规划》中，广深科技创新走廊经广州主城区、松山湖、深圳主城区，总覆盖面积达 11836 平方千米，到 2050 年将建成国际一流的科技产业创新中心。

松山湖作为广深科技创新走廊的重要节点，被列为广东省十大核心创新平台，定位为全球性科技园区、国家科技创新策源地，松山湖将在广深科技创新走廊起到重要作用。

为推进广深科技创新走廊东莞段建设，早期东莞市发布的 85 个创新项目中，松山湖就占了 11 个，其中涵盖了新型研发机构、科技企业孵化器、产业园区等载体。随着这些科技创新项目建成，必将带动人才、产业、资本等高端创新要素加速集聚，松山湖将以点的引爆形成创新发展新局面。表 4-1 为松山湖片区在 2020 年发布的重大项目计划（产业类），大部分以高新产业为主，且有不少项目已经在逐步实施了。

表 4-1　2020 年松山湖重大项目计划（产业类）

项目内容	主营内容	规模	总投资（万元）	2020 年投资（万元）	开工时间	投产时间
松山湖材料实验室	新材料科研基础设施	占地约 1200 亩	500000	12000	2019 年 6 月	2021 年 6 月
东莞松山湖大学创新城	研发基地	占地约 397 亩	270191	28450	2013 年 9 月	2020 年 12 月
松山湖（生态园）机器人智能装备制造产业加速器项目	机器人+智能装备研发生产	占地约 142 亩	117762	30000	2020 年 1 月	2022 年 12 月
华为终端总部	华为研发基地	总建筑面积约 137 万平方米	1946000	50000	2014 年 9 月	2021 年 6 月
华为南方工厂二期	网络+数据通信产品	总建筑面积约 95 万平方米	476700	2000	2010 年 10 月	2022 年 12 月
华为团泊洼 8 号地块工业项目(二期)	终端制造基地	占地约 529 亩	200000	10000	2019 年 12 月	2023 年 11 月
华为团泊洼 9 号地项目	配套仓储	占地约 6 万平方米	15000	3000	2020 年 8 月	2022 年 12 月

续表

项目内容	主营内容	规模	总投资（万元）	2020年投资（万元）	开工时间	投产时间
华为团泊洼10号地块智慧物流项目（一期）	智慧物流+流通加工	占地约60亩	20000	12000	2020年8月	2022年12月
华为东莞台科园云数据中心	云数据服务	占地约109亩	140000	10000	2018年8月	2023年12月
新能源锂电池封装项目一期工程	消费电子+交通动力产品生产	占地约42万平方米	500000	100000	2019年3月	2022年10月
中集智谷产业园	大型产业平台	总建筑面积约50万平方米	1800000	10000	2015年9月	2020年12月
歌尔股份智能制造项目	智能穿戴设备+声学产品	总建筑面积约30万平方米	223000	6400	2019年12月	2022年12月
普联技术	路由器+交换机+网络接入设备	占地约361亩	220000	2000	2014年8月	2021年1月
长盈精密技术	移动通信终端/精密金属结构件	占地约296亩	180000	10000	2015年10月	2021年10月
视窗防护玻璃建设项目（二期）	2.5D+3D视窗防护玻璃	占地约7万平方米	180000	1000	2018年3月	2021年12月
粤港金融服务分包外包基地	现代金融业务	占地约17万平方米	200000	6000	2014年8月	2020年12月
海能达研发与运营中心	终端+通信系统研发/测试/集成	占地约115亩	100000	5000	2016年12月	2021年12月
中以国际科技合作产业园	电子信息+节能环保	占地约190亩	75000	10000	2018年11月	2021年6月
创意谷实业	文化创意产业	占地约143亩	64093	5000	2013年10月	2021年12月
松山湖天安云谷（一期）	大型产业平台	占地约147亩	60000	20000	2017年3月	2021年6月
第三代半导体衬底基地	蓝宝石衬底	占地约57亩	60080	5000	2014年9月	2021年12月
中成卫星	微电子+物联网产业化	占地约62亩	65000	5000	2016年3月	2020年12月
记忆存储	计算机大容量存储器	占地约108亩	64000	3500	2014年1月	2021年6月
吉祥腾达	电子集成电路+移动数据终端	占地约90亩	65882	3000	2016年8月	2021年12月

续表

项目内容	主营内容	规模	总投资（万元）	2020年投资（万元）	开工时间	投产时间
裕同君湖	智能包装+新材料成型制造产品	总建筑面积约15万平方米	60000	3000	2019年12月	2021年12月
松山湖国际机器人产业基地	机器人智能装备+自动化系统集成	占地约98亩	52000	10000	2018年9月	2021年6月
易事特研发与运营总部	UPS电源+智能电气设备	占地约30亩	50000	10000	2018年10月	2021年10月
众为兴控制器	专业控制器+数控/伺服系统	占地约33亩	50000	8000	2018年9月	2021年1月
松山湖（深城投）智能装备产业园	智能装备	占地约43亩	50000	15000	2016年10月	2020年12月
汇川技术	电机驱动控制+光机电	占地约39亩	40772	20000	2019年10月	2022年10月
阿尔派科技	真空氦检漏充气设备	占地约49亩	35000	6000	2018年10月	2021年12月
东莞生物技术产业大厦	生物技术研发+医疗器械设计	占地约39亩	130000	2200	2020年7月	2024年12月
三生制药	药品现代化生产线	占地约36亩	93000	7000	2019年7月	2021年6月
先建医疗器械	有源+无源器件	总建面约13万平方米	70000	4000	2020年6月	2022年12月
开立医疗器械	内窥镜+镜下治疗器具	占地约45亩	58500	3000	2020年8月	2022年12月
安科医学影像	高端医学影像	占地约61亩	44000	2000	2020年9月	2022年12月
安健科技	常规+动态DR摄影产品	占地约27亩	28000	3000	2020年6月	2022年12月

资料来源：笔者调研统计。

截至2021年，松山湖功能区总面积约590平方千米，工业聚集区约200个，重点产业园区约60个，上规模的优质产业园区有14个，在转型升级的大背景下，功能区能够更高效地实现资源统筹+产业协调发展。

目前，松山湖该区域已集聚了一批具有国际影响力和国际化视野的高端创新要素，主要包括中国散裂中子源、华为终端总部、华为南方工厂、中集智谷产业园、宏远新智汇、光大 We 谷、互联网产业园、中以国际科技合作产业园、元昇数谷、国际金融创新园、中科·创新广场、松山湖天安云谷、松山湖国际创新创业社区、林润智谷、中国电子南方软件园松山湖园区、松山湖现代企业加速器、松湖华科产业孵化园等科研创新机构和国际化企业。其中，散裂中子源是迄今我国单项投资规模最大的大科学装置，华为终端总部是华为目前最大的研发中心。

截至 2021 年，松山湖园区公营载体超 90 万平方米，民营载体约 500 万平方米，为战略性新兴产业、高新技术产业发展提供巨大的发展空间。其中，园区打造了东部高端智能制造基地、新材料基地、生物医药产业基地、上市公司总部基地等重大产业平台，在项目引进、服务落地、产业支持等政策和服务上，以最大的力度和最优的条件给予保障；针对高成长性企业和产业链关键企业，松山湖布局了东莞市软件产业园、双创基地等重点产业园区，整备了超过 18 万平方米的低成本空间，满足各类型优质中小企业的个性化空间需求。

第二节　松山湖典型载体

一、松山湖华为欧洲小镇：产业龙头引领科学城发展

1. 项目发展背景

2012 年，由于深圳不断高涨的成本和有限的土地，很多大型企业寻求从深圳外迁，其中就包括华为。松山湖则凭借地缘、产业配套、城市环境优势，以及更有力度的政府支持，成了华为转移的目的地。

其实，华为很早之前就开始布局松山湖了：2005 年，华为子公司聚信科技

有限公司在松山湖成立；2006 年，华为松山湖南方工厂项目开工建设；2011~2012 年，华为供应链部门大部分迁到东莞；2013 年 8 月，华为总裁任正非宣布华为终端公司选址布局松山湖；2018 年，华为终端总部开始搬迁（见图 4-1）。

2005年	2009年	2011~2012年	2013年	2018年
华为子公司聚信科技有限公司在松山湖成立	位于松山湖北部新城大道的华为南方工厂正式投产	华为供应链部门大部分迁到东莞	华为总裁任正非宣布华为终端公司选址布局松山湖	华为分三批，共计将12600人搬迁至松山湖

图 4-1　华为在松山湖的发展大事件

资料来源：笔者整理。

华为在松山湖的布局，不仅仅是研发总部功能这么简单，除了终端研发总部欧洲小镇，还包括最先迁入的制造工厂——华为南方工厂，承担员工居住生活功能的人才公寓——溪村公寓、湖畔花园、绿岛花园等，以及承担人才培养功能的华为大学。随着华为业务的扩张，原先的台科园片区也被打造华为智能制造基地和云数据中心等。

2. 项目基础概况

华为欧洲小镇，总用地面积约 126 万平方米，总建筑面积（计容）约 102 万平方米，共有 12 个组团，容积率为 0.81。华为欧洲小镇的绿化率约 42%，建设密度仅有约 21%。环境优美+工作环境舒适+技术实力雄厚，它是粤港澳大湾区，乃至全球都首屈一指的研发总部。

华为欧洲小镇借鉴了世界闻名的 12 个欧洲经典小镇，通过提炼各个小镇的特色，划分了 4 个地块，分别对应 12 个组团，组合成了现在的华为终端研发总部。

华为欧洲小镇的建筑单体有严格的控高尺寸（不超过 32 米），最高为 5 层，这样可以与滨湖景观很自然地结合在一起，避免了高层建筑带来的压迫感。

地块1和地块2，共计有4大组团。地块1为牛津组团，即借鉴了大家耳熟能详的英国牛津小镇，该小镇历史悠久，也是近现代的研究中心。地块2的布鲁日+卢森堡+温德米尔组团，其中布鲁日是比利时典型的中世纪古城；卢森堡号称"千堡之国"，人均收入全球第一；温德米尔是英国最大的自然湖，该组团借鉴了建筑与湖畔融为一体的特色。

地块3的两大组团分别是弗里堡和勃艮第，每个组团的总建筑面积都基本控制在6万平方米左右，它们距离湖滨会更近一些。弗里堡是瑞士的历史名城，至今保留有不少中世纪的遗迹；勃艮第是法国世界闻名的葡萄酒产区，古堡众多。

地块4的组团数量最多，共计有6大组团，具体如下：

一是格拉纳达组团，总用地面积约10.4万平方米，总建筑面积约6.1万平方米。格拉纳达作为西班牙的文化重镇，古典气息厚重，该组团借鉴了阿尔罕布拉宫的设计要素，营造出西班牙街区的独有风格。

二是巴黎组团，总用地面积约11.8万平方米，总建筑面积约6.4万平方米。巴黎是欧洲近代文明的典型代表，该组团借鉴法国古典建筑和园林的对称手法，以索邦大学为原型营造出错落有致的围合广场。

三是博洛尼亚组团，总用地面积约10.5万平方米，总建筑面积约6.4万平方米。博洛尼亚是意大利北部的历史名城，是意大利最古老的城市之一，该组团充分借鉴了文艺复兴时期的柱廊和塔楼。

四是克伦诺夫组团，总用地面积约11.7万平方米，总建筑面积约5.8万平方米。克伦诺夫是捷克的历史名镇，至今保留着很多中世纪的遗迹，该组团整合了克伦诺夫的城堡、教堂、修道院等传统建筑的相关细节，打造出尺度宜人的使用空间。

五是维罗纳组团，总用地面积约11.1万平方米，总建筑面积约6.5万平方米。维罗纳同样是意大利最古老的城市之一，拉丁语的意思是"极高雅的城市"，至今仍保留着很多古罗马时期的重要遗迹，该组团充分吸取了广场、钟楼等特色建筑元素。

六是海德尔堡组团，总用地面积约 12.3 万平方米，总建筑面积约 5.8 万平方米。该组团借鉴的是德国的历史名城海德堡，它是欧洲近现代的科学文化中心，至今仍保留着许多重要的研究中心。该组团以"市政厅+海德堡大学"为原型，创造出开放包容的使用空间。

华为欧洲小镇自 2014 年开始建设，到 2020 年的完工交付使用，华为用自己的理念主导创造了这个国际一流的研发基地。

3. 园区重点产业

华为在松山湖的布局，从最初的加工基地转向研发机构等产业链前端，先后在东莞投资建设了华为机器、华为终端、华为欧洲小镇、华为云数据中心等项目，引进聚集各类高端人才。随之而来的是大量华为上下游供应商也陆续迁往松山湖。大疆、中集集团、华贝电子、生益科技、易事特、普联技术、歌尔智能等一批国内外行业龙头企业也纷纷落户于此。

在华为的带动下，松山湖俨然已经成为东莞产业腾笼换鸟、由劳动密集型产业向高新技术产业转型升级、产业链位置从低端向高端环节迈进的金色名片。

华为与松山湖的"奇迹"书写的是深圳都市圈内承接产业转移和产业升级的成功案例。华为来东莞，带来了一条生态链，组建了一个产业生态圈，也推动了东莞本土产业升级，为东莞参与粤港澳大湾区、广深科技创新走廊建设提供有力支撑，使东莞的产业在迈向全球产业链中高端的过程中更有底气。如今，华为与松山湖相互成就、互为名片。华为的案例，也恰恰印证了一家强企带来一条产业链的龙头效应。

4. 园区发展举措

（1）设计理念。

华为欧洲小镇借鉴闻名世界的 12 个欧洲经典建筑的特色，进行提炼与整合，通过华为松山湖项目基地重塑和升华。以标志性中心建筑、中心广场及与周围相呼应的建筑群，来表达"人文群落"的意境。充分利用自然地形，创造宜人的空间尺度，打造舒适健康的办公环境。

（2）整体规划。

一是连接各区的基地内专用轻轨。华为欧洲小镇使用专用轨道定时运行连接各区域，实现大量运输。铁轨分东西两个环线，之间通过穿越湖区的线路连接。下班高峰时西环线路环行 1 周所需时间约为 9 分钟，运行间隔 4.5 分钟；东环线路环行 1 周时间约为 9 分钟，运行间隔 2.25 分钟；整体环行 1 周时间约为 19 分钟。具有古典风味的车体可为欧洲风情增添情调。在车站附近的绿色园区内提供了分散小型化的餐饮、茶座等，供员工用餐、休憩和交流。

二是最大限度地保留原始环境。对基地水岸线、山体和谷地资源做保护性开发，利用现有自然水体及沟谷展现水景，以中低层建筑为主，充分利用地块上下起伏的特征布置建筑，使丘陵地形的形态更加优美。

三是适度的空间设计。针对枯燥的用脑工作性质，通过室外经典建筑与室内现代化职场布局相结合，绿化与水景的嵌入式设计，创造出丰富多彩的建筑群、具有延展性的办公空间、充满人情味的设施，形成了组团之间相对舒展的空间，给人新鲜和亲切感，激发人的想象力，缓解疲劳。

四是节能环保设计。古典建筑实现自然通风，在保证一定采光的情况下实现节能。以楼梯为主、电梯为辅的设计思路，倡导绿色健康的工作和生活。使用电力小火车设计，和一般公交车相比，减少了 20% 的二氧化碳排放量。利用水路储留的雨水冲厕和灌溉，也为同期的空调冷却塔提供用水，节水 30%。采用高效冷冻机和冰蓄冷技术构成的小区集中供冷系统，实现节能减排和环境保护的兼顾。极力打造一个生态、健康、适用的园区建筑环境，实现人与自然的和谐共处。

5. 发展启示

华为欧洲小镇值得借鉴的地方主要体现在建筑之韵味、空间之趣味、整体之品味，追求建筑质感、空间设计、视觉效果、空气质量。我们看到的不仅是华为高质量的建筑标准，也是一种精益求精的企业态度，以优美舒适的工作环境，激励员工向更高标准的"华为制造"进发。

二、松山湖华科产业孵化园：松山湖首家国家级孵化器

1. 项目发展背景

中小型企业和科技创新人才由于其尚处于创业初期，经济实力薄弱，资金缺乏，融资困难，抗风险能力差，因此创业极易失败。科技企业孵化器就是一个为科技创新人才提供创业环境、创业服务的场所，有利于降低中小企业产业化的风险，提高产业化的成功率，对进一步增加开发区"造血"功能，迅速壮大当地经济、社会发展实力，快速推进循环经济产业发展进程具有十分重要的意义。

在"大众创业、万众创新"的国家战略下，在广东省实施"创新驱动发展"战略，东莞市提出"创新驱动发展力争走在全省前列"的时代背景下，科技企业孵化器的发展面临重大机遇。

但当时，松山湖还没有国家级孵化器，也没有人会做孵化器。基于当时的现状，东莞松山湖（生态园）国家高新区管委会深刻意识到新型研发机构服务企业与镇街合作建设孵化器，以及孵化器对地方产业发展的重要意义，引入了广东华中科技大学工业技术研究院（旧称"东莞华中科技大学制造工程研究院"）这一科研机构，且于 2010 年 7 月与广东华中科技大学工业技术研究院（以下简称"工研院"）合作共建松湖华科产业孵化园。

2. 项目基础概况

松湖华科产业孵化园（以下简称"松湖华科"）占地面积 35 亩，总建筑面积约 4.3 万平方米。松湖华科建设了 3 栋各 6 层的产业孵化大楼，分别集聚以物联网、集成电路等为主的新一代信息技术产业；以 LED 制造装备、高端医疗装备为主的先进制造业以及以研发中心、企业总部为主的现代服务业；将形成物联网、LED 等相关产业的集群式发展。

松湖华科定位为先进制造领域创业示范基地，重点围绕高端装备产业、新型电子信息产业和制造服务业三大产业领域的中小微企业进行培育孵化。

2012 年松湖华科正式投入使用，2013 年被认定为国家级科技企业孵化器，成为东莞首批国家级科技孵化器企业；连续八年获批科技部和财政部国家级科技企业孵化器税收优惠资格，连续五年被科技部评定为 A 类（优秀）国家级科技企业孵化器，还被认定为首批国家小型微型企业创业创新示范基地、广东省首批专业化孵化器。

3. 园区重点产业

松湖华科产业孵化方向包括：以数控装备、工业机器人、节能环保装备、高端医疗装备等为主的高端装备产业；以传感器、读写器、集成电路等为主的新型电子制造业；以创意设计、信息服务、研发中心等为主的制造服务业。松湖华科依托工研院的科研力量，建立了四大公共技术服务中心，为在孵企业提供技术支撑。

4. 园区发展举措

（1）金融举措。

1）一站式基础孵化服务+多层次投融服务：松湖华科积极整合科技服务资源和科技产业投资资源，为在孵企业提供高水平孵化服务，开展知识产权申请辅导、高新技术企业及培育入库企业申报辅导、新三板申请辅导、创新创业大赛参赛辅导及资本对接等服务。其中辅导企业获得专利 650 余件；辅导在孵企业申请科技项目及财政奖励补助累计近 3000 万元；辅导在孵企业积极对接资本市场，累计实现股权融资 6.25 亿元。

2）华科松湖基金：东莞首只针对高端制造业的股权投资基金，首期规模 3 亿元，总规模 20 亿元。

3）金融工具：①种子基金，松湖华科为怀揣创业梦想、拥有创业激情、敢于面对挑战、勇于战胜困难的创业者，提供种子资金和创业平台。②VC 基金（风险投资基金），工研院投资设立东莞华科工研高新技术投资有限公司，专注高新技术成果产业化，支持技术领先、成长良好的科技型创业企业。③PE 基金（私募股权基金），华科松湖基金整合工研院及社会资本资源，为松湖华科孵化后期企业和毕业企业提供风险资本支持。④Pre-IPO基金（上市前基金），华科松湖基金联合粤科风投、深创投、金沙江创投等风险资本，为孵化企业上市、并购提供股权投资和上市辅导。

（2）孵化方式。

松湖华科聚焦先进制造产业的发展特性、共性需求以及技术难点，针对园区内先进制造企业在生产关键节点方面的个性化、专业化服务需求，搭建由孵化服务平台、公共技术服务平台、产业创新中心、产业资源服务中心组成的"两服务平台+两服务中心"孵化模式，为企业提供链条式专业化精准服务。主要包括工商财税、法律咨询、风险投资、创业导师辅导等"一站式基础孵化服务"，工业设计、产品开发、检测计量等公共技术专业化服务，广东华中科技大学、工研院等科研机构的技术攻关服务，行业协会等市场资源对接服务等，充分满足园区内企业在初创期、发展期、腾飞期、成熟期各个发展阶段的需求。

在孵化模式创新上，园区主要实施了以下四个方面的举措：

一是建设公共技术服务平台，为企业提供高端技术服务。松湖华科以工研院及广东华中科技大学为技术支撑，组建了设计服务中心、激光服务中心、检测技术中心、精密尺寸测量服务中心、机器人与智能制造技术应用服务中心以及广东省制造装备数字化重点实验室等公共技术服务平台，面向入驻企业提供产品快速开发设计、精密激光加工、产品检测、精密尺寸测量、机器人及行业装备研发等集中式高端技术服务，为入驻企业提供专业技术支撑服务。

二是搭建全链条投融资平台，支撑企业成长。松湖华科搭建了种子基金、VC基金、PE基金和Pre-IPO基金全链条投融资服务平台，设立了产业投资基金、有效链接风险投资基金等金融资源；还投资设立VC投资公司，专注高新技术成果产业化，支持技术领先、成长良好的科技型创业企业；成立华科松湖产业基金——一只首期规模3亿元的股权投资基金，为入驻企业提供风险资本支持；联合粤科风投等风险资本，为孵化企业上市、并购提供股权投资和上市辅导。在种子基金、VC基金、PE基金和Pre-IPO基金等金融工具上，全方位服务于入驻企业的投融资需求。

三是创新"双创"基地管理模式，实现经营管理服务采购。松湖华科创新管理模式，通过公开招标的形式实施委托经营，引入专业的产业孵化服务公司，提供品牌建设、产业招商、企业孵化等全方位的经营管理服务。委托经营不仅提高了松湖华科产业孵化的核心服务能力，还提升了园区的运营效益，为园区运营管理提供了经验和借鉴。

四是延伸创业培育服务功能。松湖华科与广东中道创意科技有限公司合作共建华科中道创客工场，提供全套硬件设施和办公设备。华科中道创客工场将设计思维贯穿项目创新，为创业项目提供广阔的创新平台；率先提出并实践"设计置换股权"模式，为创业项目的跃迁式发展提供突破点。此外，松湖华科建设加速器园区，助力科技型创业企业加速成长。为留住优质企业，让这些企业在东莞扎根发展，并吸引大项目入驻，松湖华科推动"华科城"在东莞石碣、道滘、大岭山、厚街等地建设加速器，扶持高成长性的科技型创业企业加速发展，着力培育上市企业。

5. 发展启示

松湖华科的发展启示具体如下：一是工研院创新平台的建设；二是以技术创新推动企业转型升级；三是以产业孵化支撑镇街腾笼换鸟；四是工研院协助发展未来产业。

三、松山湖国际创新创业社区：创新创业创富代表性园区

1. 项目发展背景

东莞产业体系发达，产业门类丰富，市场化、国际化程度较高，产业创新速度快，对技术研发与创新人才需求迫切。但东莞高等教育与科研院所体系力量较为薄弱，人才培养与人才储备远不能满足产业转型升级的需求。

在不断发展的过程中，松山湖科学城也深刻认识到，创新创业环境对科学城的建设至关重要。创新创业人群，尤其是青年人群不仅需要创新创业方面的

服务，而且有居住、配套、社交等多方面的需求。因此，松山湖科学城要顺势而为，满足多元需求，为他们提供更好的创新创业服务。

作为东莞集聚创新资源、推动创新创业的重要载体，松山湖国际创新创业社区（原松山湖大学创新城范围）要建成先行先试政策的创新创业孵化摇篮，吸引更多青年创新创业团队集聚。在松山湖国际创新创业社区打造国际创新创业的窗口和标杆地，需要各方力量和资源的参与和支持。东莞市各部门各司其职，形成合力，加大支持力度，提升政务服务，为创新创业提供更为便捷的环境；已入驻创新创业社区的新型研发机构将发挥创新创业孵化器的作用，在创新空间、创新平台、创新实验室、创新工场等方面给予创新创业团队共享支持；东实集团持续提供优质服务，配套建设创新咖啡馆、影剧院、图书馆等，为创新创业提供全方位、全时段支持。松山湖国际创新创业社区走出了一条松山湖的创新之路，为东莞市、广东省、大湾区的创新创业发展作出了应有的贡献。

2. 项目基础概况

松山湖国际创新创业社区地处松山湖科学城核心区域，东至东莞理工学院，南至华为大学，西至东莞职业技术学院，北至玉兰路。该区域拥有东莞为数不多集大学、科研院所、新型研发机构、孵化器、商住配套、科技服务、国际交流等于一体的优越创新创业环境。松山湖国际创新创业社区充分发挥社区创新创业资源集聚优势，对标国际一流创新模式，构建从源头创新到产业培育的全链条、全要素的创新生态体系，打造创新创业、成果转化及高技术产业培育的创新综合体，为青年创业提供全方位服务。

2020 年 7 月，松山湖大学创新城及周边地区正式升级更名为松山湖国际创新创业社区。核心区域（原松山湖大学创新城）占地 397 亩，总建筑面积 53 万平方米，基建总投资 27 亿元。该社区围绕创新、创业、创富的总体目标，吸引了众多高水平项目落户。

这个被称为"创新创业不夜城"的社区划分为科技研发、产业孵化、商务配套及人才安居四大功能分区，已引进松山湖材料实验室、广东省智能机器人研究院等 12 家新型研发机构，建有 2 个国家级孵化器，1 个省级孵化器，3 个市级孵化器，共有 5000 多台科研仪器设备实现共享，3000 余名科研人才集聚在社区内创新创业。

松山湖港澳青年创新创业基地作为松山湖科学城重要的创新创业平台，目前已集聚、孵化和加速一批高水平的创新创业项目，涉及医疗器械、智能制造、新材料等各个领域。基地通过充分发挥人才引进、产业落地、资本助推、成果转化等综合资源平台优势，不断服务港澳及国际青年创新创业，加速港澳及国际优秀科创成果转移转化，助力大湾区建设。

3. 社区重点产业

松山湖国际创新创业社区以建设国际化、链条化和市场化的社区为蓝图，深入推进"宜研、宜创、宜业、宜居"社区建设，全力将社区打造为东莞市创新创业创富的新标杆。聚焦数字经济、新一代信息技术、医疗器械、新材料、高端装备、智能制造等产业领域方向。

4. 社区发展举措

（1）招商举措。

为了吸引港澳优秀青年来基地集聚创业就业，东莞推进港澳青年职业资格互认，到东莞就业创业的港澳青年可同等享受东莞创新创业政策，鼓励学校、医院、科研机构等公益事业单位设置特色岗位、聘用港澳青年人才。

松山湖国际创新创业社区设有社区发展专项资金，对符合条件的入驻项目和招引主体给予政策扶持。产业转化层面，推动科技成果实现转移转化以服务地方高质量发展。松山湖材料实验室孵化成立产业化公司 25 家，总注册资本近 2 亿元，2020 年注册公司 16 家，孵化飞思凌、启迪医药等科创企业 400 多家，会聚企业家、科学家等人才近 2000 名。

松山湖国际创新创业社区是承接松山湖科学城科研人员创新创业的重要载体，也是科技体制机制改革创新的重要实验区。2018~2020 年松山湖国际创新创业社区企业注册名单如表 4-2 所示。

表 4-2 2018~2020 年松山湖国际创新创业社区企业注册名单

团队	公司	注册年份
SiC 半导体器件团队	东莞清芯半导体科技有限公司	2018
精密仪器研发团队	东莞市卓聚科技有限公司	
光电子材料与器件团队	东莞市中科原子精密制造科技有限公司	2019
透明陶瓷团队	中科皓玥（东莞）半导体科技有限责任公司	
	中科皓烨（东莞）材料科技有限责任公司	
	中科皓奇（东莞）传感技术有限公司	
光子制造团队	广东中科微精光子制造科技有限公司	
多孔陶瓷及其复合材料团队	中科卓异复合材料（东莞）有限公司	
	中科卓异环境科技（东莞）有限公司	
新型纤维团队	松湖神健科技（东莞）有限公司	
轻元素先进材料与器件团队	中科晶益（东莞）材料科技有限责任公司	
柔性及锌基电池团队	东莞大锌能源有限公司	
绿色非晶合金团队	格纳金属材料（东莞）有限公司	
第三代半导体材料和器件团队	中紫半导体科技（东莞）有限公司	
高效晶硅电池团队	广东中科普瑞科技有限公司	
骨水泥材料团队	中科硅骨（东莞）医疗器械有限公司	
SiC 模块封装团队	东莞森迈兰电子科技有限公司	2020
微生物复合材料团队	广东昊天复合材料科技有限公司	
锂离子电池材料团队	东莞市嘉锂材料有限公司	
	东莞市红石科技有限公司	
SiC 及相关材料团队	东莞市中科汇珠半导体有限公司	
航空发动机叶片精密加工团队	广东经纬新材料科技有限公司	
硅基砷化镓及光电子器件团队	东莞思异半导体科技有限公司	
仿生控冰冷冻保存材料团队	君创永晟（东莞）生物科技有限公司	
等离子体放电团队	新铂科技（东莞）有限公司	

资料来源：笔者根据公开资料整理。

（2）金融举措。

金融力量能够为科技创新提供重要的资金支持，帮助技术成果更好落地转化。松山湖管委会出资设立的天使投资基金由东莞市科创金融集团按照市场化原则运作，总规模10亿元，首期规模为5亿元。该基金主要面向处于种子期、初创期的高新技术企业、科技型中小企业、后备军企业等，未来将重点支持松山湖国际创新创业社区入驻项目、松山湖创新创业大赛获奖的优秀企业和团队，以及松山湖重大科技成果转移转化计划扶持项目（见图4-2）。

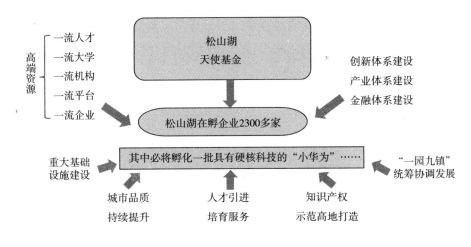

图4-2 松山湖天使投资基金

资料来源：笔者绘制。

投资额度上，该基金对单个项目按照不同成长阶段进行差别化投资，投资额度原则上不超过600万元，对于特别优秀或符合广东省及东莞市重大科技专项要求、产业带动性强的新兴产业项目，投资金额可提高到2000万元。

松山湖管委会将对天使基金投资项目实行政策倾斜，优先匹配低成本办公空间、人才落户、人才住房、子女教育等优惠政策，提升项目发展速度，逐步构建天使投资赋能体系，为创新创业发展注入新动能。

（3）产业生态构建。

作为解决科技成果转化"最后一公里"的试验田，松山湖国际创新创业社区集大学、科研院所、新型研发机构、孵化器等于一体，创新创业环境优越，对创新资源的集聚能力进一步凸显。

为支持打造创新创业服务高地，松山湖国际创新创业社区组织松山湖材料实验室及各新型研发机构，结合各自研发领域和现有资源建设创新工场，面向全市创业者和初创企业开放中试、小试车间，共享实验室和科研仪器设备等资源，并定期举行创业培训、专业讲座等活动，搭建起资源共享和经验交流的平台，帮助初创企业和创业者顺利启动创业和快速成长。

科研立项层面，积极响应国家战略与地方需求，强化基础研究与核心技术攻关（见图4-3）。

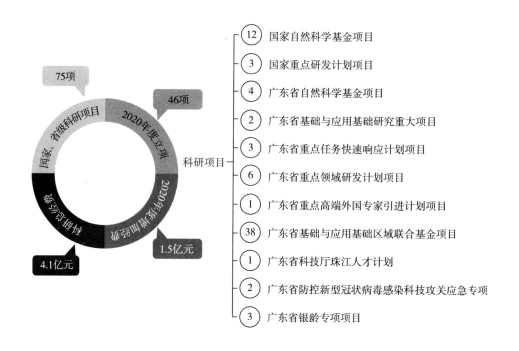

图4-3 松山湖材料实验室科研项目概况

资料来源：松山湖材料实验室。

专利申请层面，松山湖国际创新创业社区提升知识产权"保护力"，持续激发创新活力。松山湖材料实验室累计提交专利申请294件，已受理181件，其中已获得授权专利16件（见图4-4）。

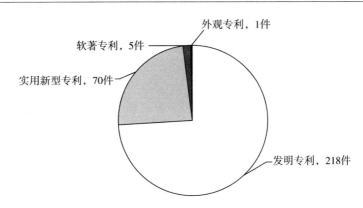

外观专利，1件

软著专利，5件

实用新型专利，70件

发明专利，218件

图 4-4 松山湖材料实验室专利申请概况

资料来源：松山湖材料实验室。

当前，东莞正紧抓粤港澳大湾区国际科技创新中心和综合性国家科学中心先行启动区建设机遇，全力打造松山湖科学城，推动松山湖从"园"向"城"跃升。松山湖国际创新创业社区是松山湖科学城整体规划中的重点项目，应加快品质提升和环境营造，打造松山湖科学城国际创新创业的示范窗口。

5. 发展启示

松山湖国际创新创业社区的发展启示有以下几点：

一是高起点做好谋划，全面贯彻新的发展理念，做好社区建设发展的方案规划，从项目招引、运作机制、软硬件配置、政策设计等方面明确重点任务。

二是高质量推进环境与配套设施规划改造，在松山湖国际创新创业社区中注入国际化、智能化、年轻化的元素，为科学家和创新创业者工作、生活、学习提供多元化的商业广场、酒店和公寓等配套设施。

三是高标准打造精品工程，创新观念，强化措施，主动出击，加强与国际性创新创业人才项目的对接，引进一批具有高成长性的优质项目，促进社区超常规跨越式发展。

四是高效率提供创新创业服务，强化服务意识，切实加强内部管理，建立和完善各项规章制度，提高质量和效率，加强要素保障和问题解决，确保项目如期建成见效。

五是围绕着宜居、宜业、宜商的社区建设，实现整个社区的资源共享、智能化管理，将数字化、网络化、智能化和互动化的高效协同管理渗透到社区建设的方方面面，对社区的人、物、事进行全连接，打造服务便捷、管理睿智、生活智能、优活宜居的社区新生态，助力社区向数字经济转型，全维度助推企业提质增效。

四、松山湖国际机器人产业基地：世界级机器人产业园区

1. 项目发展背景

随着机器人产业的高速发展，机器人产业园也成为当下的热门话题。市场需求不断增大，政府部门自然也看到了机器人产业对工业改革的作用。各地纷纷筹建和规划工业机器人产业基地，意图在"工业 4.0"的浪潮中抢占先机。

科技创新与高技术产业的跨越式发展离不开战略科学家引领性的探索、开拓和奋进。东莞松山湖国际机器人产业基地体现了广东科技的高速发展。在松山湖国际机器人产业基地，有不少填补国内外空白的产业孵化项目。基地所走的"双创"之路，不仅是孵化出新产品、新企业，而且从培养新人才、造就新产业和孵化新型研究机制出发，促进全面的核心创新。站在制造业的最前沿，松山湖国际机器人产业基地会聚了一批敢想敢拼的科技"弄潮儿"。

2. 项目基础概况

松山湖国际机器人产业基地是 2014 年在东莞市政府、松山湖国家高新区支持下，由香港科技大学教授李泽湘等专家联合发起成立，按照"政府资助、企业化运作"模式建设的孵化载体。

东莞松山湖国际机器人产业项目占地面积 65564.87 平方米，建筑面积约 113000 平方米，具有人才培养平台、技术创新平台、创业孵化平台三大特色平台；设有综合区、研发孵化区、粤港机器人学院、国际机器人研究院、创意生活区五大功能区域。形成集技术研发、创业孵化、人才培养、生产制造、展示

展览、会议论坛、休闲娱乐等多功能为一体的机器人产业孵化园区。建成后的园区可容纳 100 多个团队。

其中，在基地的地下还将建设一个 10000 平方米的地下工厂，可进行高度精密的制造工艺与技术的测试；在地面上，还有 12000 平方米的中试车间，让科技创新与科研成果实现"无缝衔接"。

3. 园区重点产业

松山湖国际机器人产业基地将专注于机器人和智能硬件方向，重点围绕"工业 4.0""农业 4.0"和智慧城市等板块发展，形成集技术研发、创业孵化、人才培养、生产制造、系统集成、终端应用、展示展览、会议论坛、休闲娱乐等多功能为一体的国际领先、国内一流的机器人产业示范园区。

从产业亮点来看，松山湖机器人产业基地以创业孵化为主。通过打造完整机器人生态体系——"基地+基金"模式，联结香港、内地及全球的高校、研究所、企业、上下游供应链等资源，专注机器人及相关行业的创业孵化。此外，基地成立了粤港澳机器人学院以及湖南大学机器人学院，在健全机器人行业人才系统教育的同时，也为基地在孵团队持续储备优质创新创业人才。

随着"机器换人"的深入推进，机器人产业还有广阔的发展空间，除了工业机器人外，服务机器人的产业空间也非常大。东莞目前已经在机器人领域集聚了一批年轻的创业者，许多创业团队的发展速度更是惊人。在产品研发过程中，这些创业者相互之间会有互动，已经初步形成了机器人产业生态圈。

4. 园区发展举措

（1）招商举措。

在创业孵化方面，基地引进了包括大疆创新、固高科技、逸动科技、李群自动化等在内的 90 余支机器人创业团队/公司；接近 80%的孵化成功率，远远高于全省、全国及全球平均水平，探索出一条独具特色的机器人创新创业孵化之路。

在人才培养方面，松山湖国际机器人产业基地致力于培养机器人和高端装备技术工程师和技术管理领军人才，采用基于项目和课题学习的办学模式，与东莞理工学院、广东工业大学、香港科技大学四方合作共建粤港机器人学院，截至 2020 年已招收 3 届超过 400 名学生。2017 年，松山湖国际机器人产业基地被认定为东莞首个广东省创业孵化示范基地。

（2）金融举措。

在资本方面，松山湖国际机器人产业基地拥有一只创业基金：清水湾基金，并与硅谷著名风投——红杉资本、国内顶尖风投——高瓴资本建立友好合作，为基地创业者提供从探索期、天使期到种子期的全方位资金支持。基地现已聚集了一批优秀的创业公司，还有众多项目正在孵化中，发展活力十足。

（3）产业生态构建。

松山湖国际机器人产业基地专注于"一个系统""两大产业"和"三个链条"的构建："一个系统"，即健康的可持续的学院派创业支持生态系统；"两大产业"，即机器人和智能装备产业；"三个链条"，即世界一流潜质青年创业家培养链、机器人和智能核心技术和核心零部件研发研制链、世界一流企业孵化和产业培育链。

松山湖国际机器人产业基地通过联结香港、内地及全球的高校、研究所、上下游供应链等资源，搭建完整机器人生态体系，为团队提供全方位资源支持，建设一个面向内地、香港乃至全球的机器人和智能硬件创业平台，打造一流的机器人产业集群。

5. 发展启示

松山湖国际机器人产业基地值得借鉴的地方，无疑是聚焦大湾区创新元素，以核心基础研究为支撑，实践并行，提供技术、供应链、资金、创业导师支持，从芯片、核心零部件、高端装备到智能终端，辅以配套设施服务提供支持创业孵化。同时，松山湖国际机器人产业基地也将培养创新创业人才作为使命，肩负新工科教育改革使命，联合广东工业大学、东莞理工学院成立粤港机器人学院作为"双创"人才培养实践，从本科生、研究生到创业团队，吸收不同专业背景、有想法的人，设计定制化课程加以新工程教育项目设计，培养他们的理论、动手等综合能力，进一步为在孵团队持续储备优质人才资源，将多样化且有趣的创新创业想法在松山湖逐步落地，为在孵团队乃至整个机器人和智能硬件行业不断注入新力量、新想法、新技术，储备优质新工科人才资源，形成完备的松山湖机器人产业生态体系。

五、中集智谷产业园：广深科技创新走廊产业标杆

1. 项目发展背景

东莞制造业就像中国制造业的一个缩影，随着劳动力成本、土地价格的提升，通过资源的高投入、高消耗，甚至以牺牲环境为代价发展制造业的模式已经行不通了，必须推动技术改造转型升级，助力制造业高质量发展。

中集集团一直以制造业为主，而中集智谷产业园是中集进军产业园领域首个标杆园区。随着粤港澳大湾区的规划发展，广深科技创新走廊建设的加速推进，产业的转型升级及协同发展已成为高质量发展的重要先决。另外，随着松山湖纳入珠三角国家自主创新示范区，将迎来新一轮跨越式发展时代，松山湖高新区明确提出打造成为"产城人融合发展领航区"的战略定位。而中集智谷产业园以自身强大的产业核心能力，集聚众多的高端科技产业，成为产业协同发展的典范。

2. 项目基础概况

中集智谷产业园是由世界领先的物流和能源装备巨擘——中集集团斥资180亿元在东莞打造的四大产业基地之一。作为中集集团进军产业园区的标杆项目，中集集团致力将中集智谷产业园打造成中国"工业4.0"示范园区。

中集智谷产业园位于松山湖国家高新产业园区南部，总占地面积约502亩，规划面积超过50万平方米，其中产业园区400亩，建筑面积33万平方米，容积率1.2，人才配套社区100亩（18万平方千米），总投资超过50亿元。规划包括集装箱总部、创新发展中心、智能产业研究院、培训学院、集装箱板业总

部等多个功能区，涵盖企业定制总部、中小企业总部办公、高层研发办公楼、配套住宅、商业配套等多功能产品。园区聚集了以智能装备集群、电子信息集群、新材料集群、物流集群为主的高端产业集群，产业生态已具雏形。

中集智谷产业园坚持以人为本，打造出松山湖南部"产城人"融合发展领航区，配套规划了园区会议中心、多功能会议中心、创智中心、企业成果展厅、创客空间/路演中心、企业家俱乐部、一站式服务中心、人才服务公寓以及银行、餐饮配套，并引进了松山湖市民中心南部服务大厅，为入园企业及员工提供全方位的综合配套服务。

3. 园区重点产业

中集智谷产业园重点引进智能装备、电子信息的创新科技企业集群等主导产业，为这些企业提供产业链整合、生产性服务、商务生活设施和创新文化为一体的全方位产业生态环境和创新氛围，并且通过聚集效应形成产业核心竞争力与创新能力，以此促进区域的产业优化升级和城市价值提升。

在产业聚集上，中集智谷产业园积蓄"工业4.0"的力量，重点打造智能装备、激光、机器人、电子信息、移动互联等高端科技产业集群，坚持以"产业带动创业、服务支持创新"的运营服务理念，以智能化、自动化为特征的产业升级推动东莞、珠三角乃至全国的"工业4.0"的进程。

在产业运营上，中集智谷产业园整合"工业4.0"资源，以高端电子信息与智能化科技产业集群作为主导产业结合物流、金融等现代产业服务业，形成"创业投资—产业加速—上市培育"三位一体的全产业链，为园区企业打造一个高效的成长空间。

在园区运营上，中集智谷产业园落实"工业4.0"的服务体系，首创云创业平台，以科创服务、金融服务、人才安居、商务服务、政务服务、人力资源、采购服务、管理咨询、基础服务九大服务体系，为企业提供一站式服务。

作为全球领先的物流装备和能源装备供应商，中集集团拥有集装箱、道路运输车辆、能源化工及食品装备、海洋工程、物流服务、空港设备、金融、产城发展以及模块化建筑九大业务板块。中集集团旗下有 300 余家成员企业，研发中心及制造基地分布在全球近 20 个国家和地区，产业链上下游合作企业超过 1000 家，全球范围内长期客户超过 10000 家。中集集团这艘巨舰所集合的强大产业资源和优势，将具有强大的产业集聚能力。

4. 园区发展举措

（1）招商举措。

中集智谷产业园的较大优势就是临近华为终端总部——华为欧洲小镇，可吸引华为配套企业。在中集智谷产业园，中集集装箱、中集智能、中集新材料、中集多式联运等龙头企业率先导入，整合引进上下游客户资源和合作伙伴资源，以"龙头驱动—产业链导入—产业集聚"的模式，实现创新驱动产业升级，构建服务于企业全生命周期的产业生态系统。

此外，中集智谷产业园还有以顺丰科技为代表的物流运输企业，以歌尔股份、电连技术、爱协生科技、维度科技、迈威科技为代表的电子信息企业，以中色研达、初创新材料、松湖塑料等为代表的新材料企业，以及以中汇装备、威科达、普密斯、大成精密等为代表的智能装备企业，以上企业正持续创新发展，不断提升产业链现代化水平。

截至 2021 年，中集智谷产业园已招商签约 241 家企业，共拥有专利超过 1300 项，完整构建了智能装备、电子信息、新材料三大产业链。毗邻中集智谷产业园的电子信息产业巨头调整产业方向，发力软件产业。中集智谷产业园迅速跟进，引入软通动力、中软国际、润和软件、快点儿等一批软件相关企业入园发展。此外，还有合通、全芯等半导体产业的知名企业落地园区发展，园区产生了新业态，新兴产业链正在形成中。

（2）金融举措。

自 2013 年入驻松山湖以来，中集产城始终秉承"以产业带动创业、以服务支持创新"的服务理念，在中集智谷打造全国首创的"产业+社群"双生态圈，搭建金融、信息、技术、人才四大服务平台，构建"创业孵化—产业加速—上市培育"三位一体的全产业链服务模式，为入园企业提供创业辅导、项目申报、政务服务、市场对接、金融服务、技术转化、人才培养等一站式增值服务，全力护航园区企业高速创新与成长。

（3）产业生态构建。

现代产业链不断在中集智谷产业园形成完整闭环，这得益于中集产城不可替代的核心竞争力：依托八大服务内容，基础/公共/产业三大服务类别，构建C+运营服务体系，为园区、企业、人才提供全生命周期的服务（见图4-5）。

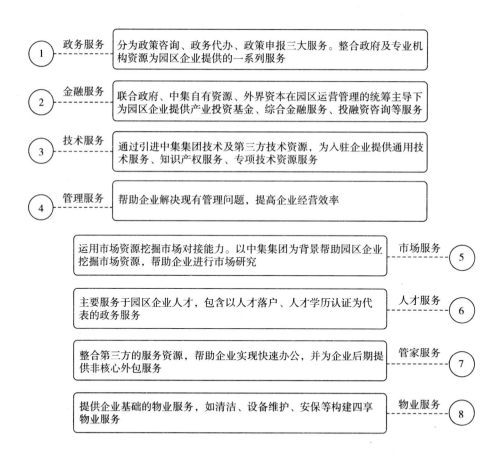

图4-5　中集智谷产业园八大服务内容

资料来源：赢城产业项目团队整理。

中集智谷产业园充分发挥服务平台的"杠杆"作用优势，探索全球创新资源联动的新路径，注重培育服务平台的核心资产和核心能力。在东莞融入粤港澳大湾区和广深科技创新走廊建设中，中集智谷产业园发挥着重要的作用。2017 年，中集智谷产业园成功入选广深港澳科技创新走廊（东莞段）科技创新项目库，带动人才、产业、资本等高端创新要素加速集聚。

中集智谷产业园先后荣获"国家级众创空间""国家级科技企业孵化器"两个"国字号"殊荣，在企业孵化、产业集聚方面获得国家层面认可。此外，中集智谷连续三年总冠名"赢在东莞"科技创新创业大赛，积极助力东莞创新创业事业发展，并荣获"广东省小型微型企业创业创新示范基地"荣誉称号。园区以创新驱动，以技术引领，致力打造成为粤港澳大湾区创新创业培育基地。

5. 发展启示

中集智谷产业园是中集产城致力于成为产城发展专家的发展战略之标杆代表。其在项目开发运营工作上要做到的五个"满意"值得借鉴学习：一是做到当地政府满意，加强项目招商引资，积极为推动东莞经济发展贡献力量；二是做到入驻企业满意，全力帮助入园企业创新成长、发展；三是做到入园企业员工满意，使入园企业员工真正实现"安居乐业"的梦想；四是做到入园企业客户满意，坚持"协作发展、多方共赢"的理念，积极做好入园企业及其客户市场对接工作；五是做到社会大众满意，倾力将项目打造成为东莞城市的一张名片。

六、光大 We 谷产业园："数字+软件"产业园典范

1. 项目发展背景

党的十九大报告指出，要加快建设创新型国家。创新是引领发展的第一动力，是建设现代化经济体系的战略支撑。光大 We 谷以党的十九大精神为引领，抢抓粤港澳大湾区和广深科技创新走廊建设的历史性机遇，通过打造生态圈和搭建服务体系，在更高层次上进行创新发展，力争打造成东莞创新创业的高地。

2021 年，东莞进入新的发展阶段，作为数字经济的重要组成、信息产业

的核心，东莞软件产业正迎来深度融合与跨越式发展的重大战略机遇期。在"十四五"开局之年，东莞市政府明确提出，要加快打造新动能、推动高质量发展，包括软件与信息服务在内的多个产业集群营业收入要增长10%以上。

2. 项目基础概况

光大 We 谷产业园，是广东光大集团布局多元产业、完善城市综合服务，基于国家"互联网+"战略、东莞产业园雄厚的产业基础、松山湖产业园的产业规划以及集团所积累的产业园资源所推出的综合性产业园区，是广深科技创新走廊东莞段 85 个市级创新项目之一。

光大 We 谷产业园占地面积约 9.8 万平方米，建筑面积约 46.8 万平方米，是东莞产业园区 4.0 版智慧版的示范园。园区秉持"伴企业家同行"的品牌理念，专注打造创新创业的产业孵化平台，从企业入园到成长毕业给予全生命周期的服务。

作为东莞市唯一一家"数字+软件"双授牌产业园区，光大 We 谷产业园积极引进各类软件、大数据、人工智能、新一代信息技术服务企业，着力打造东莞市数字产业集聚区，助力"数字东莞"建设。

3. 园区重点产业

光大 We 谷产业园以"金融+互联网+产业链"三大核心驱动产业聚集发展。目前形成电子信息、文化创意、智能制造、新能源材料、现代服务业五大主导产业，通过建载体、搭平台、引龙头、造环境，整合产业资源构建完善的一站式全产业链服务平台，打造东莞"互联网+"示范园区，帮助企业转型升级，提升整体实力和竞争力。

光大 We 谷产业园积极响应东莞市政府号召，核心聚焦港澳基地与数字产业。在港澳基地中，配备科技成果转移转化展示平台、中试车间、iDM-Square硬件开发加速计划等多渠道聚焦科技成果转移转化，营造浓厚的创新创业氛围；同时通过人才服务中心、各类人才沙龙、社群俱乐部等，提升港澳青年的社会融入度。在数字产业中，积极主动引进各类软件、大数据、人工智能、新一代信息技术服务企业，驱动松山湖产业集聚发展，助力构建"数字东莞"。2019年11月，光大We谷荣获东莞市首批数字产业集聚试点园区授牌；2020年11月获得东莞市软件产业园的授牌，成为东莞市唯一集数字、软件双牌于一身的园区。2020年8月，光大We谷与华为共建华为云工业互联网创新中心，打造松山湖"5G+人工智能+工业互联网"重要支撑项目。到2022年，预计园区数字软件产业实现年产值20亿元，数字软件产业创造利税4000万元，预计有从业技术人员约1万名。

4. 园区发展举措

（1）招商举措。

自2016年开园至2021年，光大We谷产业园入驻企业超过600家。其中，软件开发、软件服务外包、大数据、云计算、人工智能、VR、电子商务等数字产业相关企业160多家，包括歌尔股份、中软国际、软通动力、易宝软件等。整个集群呈现龙头引领、中小微企业梯度分布的发展态势。从光大We谷项目负责人那里了解到，每天有6000多位"码农"在园区内为东莞数字产业生态创造价值。

光大We谷产业园享受东莞市重点招商园区、数字产业集聚试点园区，以及软件产业试点园区相关政策，最高可享三年租金补贴。区别于其他园区，光大We谷是松山湖政策最多、品类最全的园区。

（2）金融举措。

光大We谷产业园本着"创新、创业、创投"为核心的孵化运营模式，以"金融+互联网+产业链"三大核心驱动产业聚集发展，通过建载体、搭平台、引龙头、造环境，整合产业资源构建完善的一站式全产业链服务平台——光企云一站式服务中心，打造东莞示范产业园区，帮助企业转型升级，提升整体实力和竞争力。

（3）产业生态构建。

光大We谷产业园的产业生态体系已经日益成熟，已初步形成了电子信息、现代服务业、AR/VR、智能制造等产业的集聚效应。

光大 We 谷产业园拥有一站式服务中心、产业成果展示中心、会议中心、点栈创业工场、点栈咖啡、混沌大学松山湖学习中心、智慧餐厅等多功能配套空间。园区以"活动+孵化+投资"为模式，以"场地持股孵化+基金投资孵化+资源导入孵化"三轮驱动，健全基础服务、增值服务、加速服务的企业服务链条，打造完善创业生态圈，培育产业壮大发展。园区运营实力突出，高企培育位列松山湖孵化器第一。拥有松山湖城市会客厅、综合服务中心、产业成果展示中心、会议中心、点栈路演中心、点栈创业工场、点栈咖啡、孵化器等十大功能配套空间。同时提供互联网营销、人力资源、投融资、商务会议、政策咨询、企业成长支持、物业服务七大服务体系（见图4-6）。

图 4-6　光大 We 谷运营体系

资料来源：赢城产业项目组整理。

光大 We 谷产业园不仅是广东光大集团深耕东莞、全力支持松山湖高新区发展"产业化"布局的生动缩影，更成为促进区域经济创新发展的有力引擎。伴企业家同行，融入"双区"建设和松山湖科学城建设，光大 We 谷走出了一条属于自己的"点亮城市之光"的产业之路。区别于其他的园区，光大 We 谷的优势更加明显，具体为以下几个方面：

1）发展优势。光大 We 谷产业园在借势松山湖园区良好的区位和交通优势基础上，还借助于园区的产业、配套、政策优惠、政府资源等优势开展招商引资工作。

2）产业优势。在产业布局上，结合松山湖园区整体的产业定位，光大 We 谷产业园紧抓 VR/AR、大数据、智能制造等全球风口产业方向，逐步搭建特色产业生态体系。先后建立"东莞虚拟现实产业基地"等基地平台，以产业运营为核心，围绕电子信息、智能制造、数字经济、新能源新材料、现代服务业五大产业集群发展。

3）配套优势。光大 We 谷产业园除了自建及与其他企业合作建立的十大综合实验室平台、光企云服务中心、会议中心、餐厅/咖啡厅、创业工厂等配套外，还与松山湖管委会共同建设的松山湖城市会客厅，为园区招商引资提供了极大的便利。城市会客厅是松山湖产业载体资源及产业成果展示、产业招商的形象窗口，联合政府和第三方服务机构，为投资人、企业、创业者、企业员工提供政府服务和专业产业配套服务。同时，引入松山湖管委会的各类活动及资源，为各园区企业提供各种峰会、论坛、创业辅导服务，使这里成为松山湖北部最具产业人气的区域。在松山湖城市会客厅等平台及资源的助力下，光大 We 谷产业园逐渐摸索出以产业基因引领产业园区发展的路径，形成独具特色的创新创业生态系统，并迅速成长为与松山湖共同成长的产业载体标杆。

4）基金优势。光大 We 谷产业园有多种资金帮扶模式，入园企业可申请基金扶持；园区基金规模约 12 亿元，其中 2 亿元光大创投基金为光大集团自有，3只基金已共同投资约 20 个优质项目；合作金融服务机构十余家，可提供创业投资、科技保险等服务；同时根据企业具体情况，可申请各类政策补贴及政策资助。

（4）盈利模式。

光大 We 谷产业园对企业实现全产业链条孵化，针对处于不同成长阶段企业的需求提供对应服务，基本涵盖企业自成立到上市的全过程。

相较于其他产业园以出售物业为主的模式，光大 We 谷产业园将服务深化到提供创业导师、设立 We 谷学院提供学习平台等多方面，并通过为企业链接第三方服务提供商，以中介模式获取服务费用。

目前，光大 We 谷产业园主要通过物业出租和提供运营服务来实现盈利。其中物业出租部分针对套间办公室按面积出租、创业空间工位按卡座出租。

运营服务分为产业服务、商务服务、光企云三部分，其中产业服务为主要盈利服务，为入园企业的成长及发展提供各种支持。后期有望通过项目投资获取回报。

5. 发展启示

我们总结了光大 We 谷产业园值得借鉴学习的几个地方：一是运营架构。高度重视运营团队构建，团队人数充足，建立完善、全面的多层次运营服务体系。二是产业运作。通过引进优质项目，构建企业组织及产业联盟，建立产业基金等举措，形成创新创业产业生态发展系统。三是推广特点。与当地政府协会强互动、深互动，活动具备很强的社会影响力，通过大量高质量对外活动形成项目的知名度。四是与政府共建产业平台。申报特色主题园区，获得政府的租金补贴支持，以获得更大的竞争优势。

七、国际金融创新园：松山湖中小企业总部花园

1. 项目发展背景

纵观全球的产业革命，每一次产业革命的兴起无不源于科技创新，成于金融创新。实践证明，科技创新和金融创新紧密结合是社会变革生产方式和生活方式的重要引擎，科技创新能力的提升与金融政策环境的完善是加快实施自主创新战略的基础和保障。

近几年，东莞积极发展现代服务业，产业规模迅速扩大。松山湖作为东莞发展现代服务业的桥头堡，其园中园——国际金融创新园依托了松山湖的生态资源，又聚集大量创新型企业，具备服务业基础，拥有普通写字楼都不具备的优势，通过建载体、搭平台、引龙头、造环境，建立企业生态系统，引进和培育现代金融、互联网、电子商务、节能环保、新材料新能源及文化创意产业为主导的创新型企业。无论是创新氛围还是创新空间，这里都具备十分强大的吸引力。

2. 项目基础概况

国际金融创新园位于松山湖北部与中部交汇核心位置，是东莞唯一的金融主题产业园区，总占地面积约 260 亩，总建筑面积达 35 万平方米，由中天集团开发，中天信和物业公司管理。国际金融创新园以金融服务支撑产业创新，打造集总部经济、科技研发、检测实验与创业孵化为一体的战略性新兴产业集聚区。

在产品规划层面，针对不同发展阶段的企业对不同的办公空间需求，提供覆盖全成长过程的企业办公空间解决方案，构建一体化的产业生态圈。针对初创和成长型企业，园区贴心地提供 100~1200 平方米可分可合的灵动创新空间，满足企业效率和效益双重考虑。针对成熟企业，园区提供量身定制 600~3000 平方米的生态独栋，以独立冠名、独立空间、独栋办公、阳光地下室、专属电梯等商务办公空间体验，成就企业梦想。

国际金融创新园是赢城在松山湖区域最早服务过的主题园区项目之一，针对该园区以深圳联合金融集团龙头企业为带动，提出"金融+创新""资本+创新"的产融结合为顶层设计战略，所以命名为"金融创新园"，针对项目为科研用地性质，赢城基于"产业运营赋能园区价值"理念，提出了以"运营促进招商，招商促进销售"为项目整体操盘思路。

3. 园区重点产业

国际金融创新园重点引进现代金融、互联网、电子商务、节能环保、新材料新能源产业，以创新驱动为指导，集创业孵化、科技研发与总部经济为一体，科技、金融、产业融合发展，逐步打造出以金融孵化为手段、科技创新为支撑的科技产业园区。

4. 园区发展举措

（1）招商举措。

国际金融创新园以"总部独栋/高层+产研大楼+创新办公+孵化办公+配套商业"等多形态产品，为不同发展阶段的企业定制个性化、高品质的商务办公空间。截至 2020 年，园区已经聚集了以联合金融、东元环境、威迪股份、诚铭化工、汇德思创、腾正科技、智汇水务、华印网、智炜新材料、嘉讯云计算等企业为代表的 300 余家创新型企业，其中上市企业 1 家，新三板挂牌企业 5 家、"倍增计划"企业 5 家、高新技术企业 27 家、规模以上企业 16 家。2019 年，在孵企业营收 9.8 亿元，创税 8228 万元，综合实力连续三年排名松山湖前三位。

（2）金融举措。

国际金融创新园通过引入优质创投机构、天使基金等金融资源作为园区的核心优势，以高端金融服务支撑高新技术产业和现代服务业的集群发展。

园区秉承"投资+空间"的特色经营模式，与银行、产业基金、券商等境内外 30 余家金融机构深度合作，成立产业金融大数据服务中心，为园区企业提供债券融资、股权融资、上市培育辅导等各类金融服务，并搭建资本与产业对接的平台，满足园区企业多层次的资金需求，降低企业融资门槛及成本，助力企业成长壮大。公共金融服务平台建设内容如图 4-7 所示。

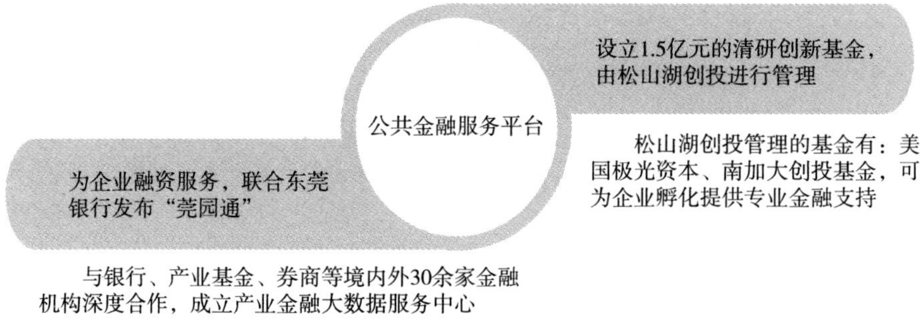

设立1.5亿元的清研创新基金，由松山湖创投进行管理

公共金融服务平台

松山湖创投管理的基金有：美国极光资本、南加大创投基金，可为企业孵化提供专业金融支持

为企业融资服务，联合东莞银行发布"莞园通"

与银行、产业基金、券商等境内外30余家金融机构深度合作，成立产业金融大数据服务中心

图 4-7　公共金融服务平台建设内容

资料来源：笔者整理。

（3）产业生态构建。

国际金融创新园以"懂企业的好园区"为企航初心，不断精细运营服务，赋能企业高速发展，依托清研公共科技服务中心、产业金融服务中心、粤港青年创业基地、天企汇企业家联盟、天企汇 App 智慧互联平台、一站式运营服务中心六大服务平台，从基础服务到专业辅导，从资金池到技术池，从人才市场到专业政策，从创业孵化到产学研对接，为企业量身定制，一站式专属管家服务，助企业实现跨越式成长。

1）专家智库。清研公共科技服务中心从技术研发、成果转化、顶层设计、科技资源整合等方面累计为 200 多家企业提供专业辅导；拥有 100 多名国内外专家库，涵盖智能制造、电子信息、投融资等领域。

2）专业融投。产业金融大数据服务中心拥有 20 家战略合作机构，已为十余家企业发放共计 4200 万元金融授信额度；成功投资 3 家企业共计 1500 万元。

3）专精圈层。天企汇举办以资源对接、私董会、企业家联谊交流活动、游学参访、创业营等为代表的圈层活动，为企业家量身定制切实可行的服务，保障企业家的权益。

4）专注产城。天企汇 App 以全方位智慧运营，打造一站式"互联网+商务"生活社交圈。

国际金融创新园秉承"为企业提供专业化的产业及园区服务，促进企业的快速成长"的运营理念，目前已被东莞市和松山湖高新区授牌为"东莞市跨境电子商务产业基地""松山湖电子商务产业示范基地"和"粤港澳文化创意产业实验园区文化与金融融合发展基地"，成为松山湖高新区现代服务业（包括金融服务、电子商务、文化创意等）的聚集园区，并已获批国家级科技企业孵化器、广东省小微企业创业孵化基地等多项资质。

5. 发展启示

我们总结了几点关于国际金融创新园发展过程中值得借鉴学习的地方：一是合理布局，实现产品增值。国际金融创新园融合自然化的环境、艺术性的感受、合理的布局、人性化的尺度、立体化的空间，在保证项目回归自然，符合环保、绿色经济的同时，满足松山湖金融孵化中心以人性化需求和功能性需求为主的特点，具备可持续发展，帮助园区实现产品增值、推进品牌营造。二是平台支撑，强化持续发展的内生动力。为了集聚人才、资本和科技等创新要素，国际金融创新园立足东莞，面向全国乃至全世界，把一切可以调动的资源整合起来打造创新高地。三是金融创新，增加企业的造血功能。国际金融创新园以增加企业的造血功能、帮助科创企业快速上市为己任，创新企业孵化模式，为园区企业融资、上市提供一站式服务。在各项措施的有力推动之下，国际金融创新园为资本与企业的"联姻"创造了优越的环境，成功打造了集资本对接、项目路演、信息发布、资源凝聚的金融创新服务区。

八、互联网产业园：东莞首个互联网产业基地

1. 项目发展背景

在新一轮科技革命和产业变革推动下，松山湖必须要加快转变企业发展模式，培育"互联网+"时代全新的企业增长点。一直以来，松山湖高度重视"互联网+"优质项目的引进和培育，并在2016年6月成功获广东省政府批准为首批广东省"互联网+"创建小镇，在核心技术创新、高端人才集聚、科技金融发展、互联网与产业融合、创业创新环境营造等方面有了长足发展。

互联网产业园，是在"互联网+"的国家战略和城市加速转型升级背景下，以互联网创客孵化器、互联网孵化器链条为核心的互联网园区。互联网产业园顺应打造"互联网+"时代的契机，是首个以"互联网+"为核心的服务平台园区。互联网产业园作为松山湖园区重要的产业载体，对吸引聚集互联网企业落户松山湖具有重要意义。

2. 项目基础概况

互联网产业园于2016年6月正式开园，由广东网游网络科技有限公司及东莞市网络文化协会投资开发及运营，园区规模5.6万平方米，位居松山湖国家级高

新技术产业开发区核心地段，以"互联网+"的国家级创新战略，助力加速东莞传统行业的技术革新与产业升级，促进东莞可持续发展，让其综合竞争力不断攀升。

互联网产业园建设有高层研发楼，可自由分割高层办公空间，为成长型企业提供发展平台。企业独栋办公楼，独立空间、独立花园办公，空间独立命名，可作为互联网企业研发办公、形象展示、接待和网联网人才培训，全面提升互联网企业的品位和形象。

互联网产业园集聚众多优秀的互联网上下游企业，将互联网作为创新原动力，深度融合互联网新科技与制造业，促进科技、金融、产业的融合发展，为创业团队提供优质的创业服务、资金支持与产业对接，不断催生新兴的生产模式，加快电子商务、互联网和互联网金融的发展，尤其是互联网、C2B2C（Customer to Business to Customer，消费者到企业再到消费者）、众包等，开拓具有产业孵化带动力的全新机遇，为创客们提供魅力空间。

3. 园区重点产业

互联网产业园主导产业为互联网+产业、电子商务产业及现代服务业。一是互联网+产业：以"互联网+"为核心，打造互联网产业聚集。引进移动互联网、互联金融、网络媒体、网络游戏、软件与信息服务外包、O2O、智能硬件、大数据、云计算等企业，构建一个庞大的互联网生态系统。二是电子商务产业：电子商务平台、跨境电商、微电商、电商服务、电商化企业等。三是配套服务企业：科技咨询、投融资机构、技术转让、知识产权服务、营销服务、人才培训、人才招聘等。

4. 园区发展举措

（1）招商举措。

在招商层面，互联网产业园与赢城合作整合自身产业资源，导入以"互联网+"为主的大量企业，通过吸引东莞本土龙头互联网企业进驻，带动上下游企业入驻，并通过打造"黑客工场"线上平台，聚集风投、培训等资源，逐步形成集聚效应和完善的互联网生态圈。截至2020年，互联网产业园已进驻200

多家企业，其中互联网、游戏入驻企业行业占比约15%，软件与信息服务入驻企业行业占比约23%，电子商务入驻企业行业占比约16%，智能制造入驻企业行业占比约30%，其他行业占比约16%（见图4-8）。

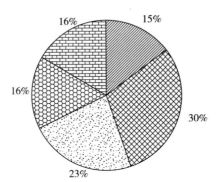

图4-8 互联网产业园入驻企业行业分布

资料来源：赢城产业项目组整理。

（2）产业生态构建。

对于初创型企业而言，要想快速发展，亟须解决的无非就是资金和市场两个问题。而东莞互联网产业园区独创IFSC互联共生体系，成就东莞唯一的互联网中心，园区以互联网创新为手段，构建IFSC互联共生体系。为企业提供一站式孵化服务体系：工商注册、财务代理、管理咨询、信贷担保、政策扶持申请、创业培训、人才招聘等；以金融资本做支撑：天使投资、企业和创业者本地金融服务等金融服务平台；园区共享：子女教育托管服务、人才交流培训、创业项目和活动、创客导师、黑客俱乐部、智慧图书馆、众创空间、园区便利餐饮配套等；产学研融相关配合协作支持：百度联盟、腾讯创业基地、东莞图书馆、松山湖管委会、东莞网络文化协会、东莞理工学院等；提供1+1运营平台。

互联网产业园区是东莞最具融合创新的互联网圈子平台，除地理位置等优越的地理环境外，更重要的是专业的运营团队，帮助解决企业的发展需求，让企业无后顾之忧，更快更好地发展企业。

5. 发展启示

互联网产业园值得借鉴的地方，无疑是用互联网思维重新构建招商的生态链，明确园区主导产业规划思路及需要引进的企业群体，围绕着企业所需或资源整合而搭建的服务平台，从而有针对性地制定招商策略。值得一提的是互联网产业园区"以运营促进招商，以招商促进销售"的营销招商策略。以下整理了几点可借鉴的地方：

一是产业龙头企业招商，引入互联网产业和服务型龙头企业，如瓦力科技、唯一网络、猪八戒、唐米创新等，加强园区各种平台建设。

二是产业链招商，依托于龙头企业，形成纵向上下游、横向配套的产业链，从而吸引一批上下游的中小企业进驻，成为东莞最具代表性的互联网产业生态圈。

三是主题活动营销/招商，园区每年承办东莞市、松山湖创新创业大赛—互联网产业分赛场；举办互联网产业大型专场招聘会，成立黑客俱乐部，搭建互联网产业人才平台。

四是产业政策招商，松山湖互联网产业园获得《东莞松山湖文化产业发展专项资金管理暂行办法》园区认定，入驻企业享受45%的租金补贴等优惠；并针对创新科技型、携专利入驻园区的企业享受租金减半等优惠政策。

五是产业服务平台招商，园区首创了IFSC互联共生体系包括孵化、金融、共享、协作等四方面的内涵，为企业提供一站式服务。

九、元昇数谷：工业互联网产业园与工业软件示范基地

1. 项目发展背景

在科技革命和数字经济大发展的新时代下，大数据、云计算、人工智能、工业物联网等新技术迅猛发展，智能化已经成为推动产业领域发展的新动能，也是公认的未来发展趋势。

目前，松山湖已成为大湾区工业互联网数字化经济的创新中心。今后，将依托松山湖科学城重大科技基础设施和前沿基础研究平台，建设一批新型协同创新平台、产业创新联盟，推动更多原创性创新成果落地转化，培育和引进一批引领数字产业发展的头部企业和"高精尖缺"创新型企业，改写大湾区数字经济发展格局。

元昇数谷是广东元昇集团有限公司投资开发的第一个产业园区，元昇集团成立于2009年，业务范围涵盖房地产开发投资、实业投资、物业管理、园林绿化、企业投资咨询等多个板块。元昇集团成立元昇产城运营公司率先发力，联合专业产业地产运营商——赢城，倾力打造高端品牌产业载体平台。元昇数谷扎根松山湖CBD核心地段，聚焦工业互联网产业，打造粤港澳大湾区一流的工业互联网产业园和工业软件示范基地。元昇数谷整个定位发展可以说是园区4.0阶段的典型代表。顺应科技新基建时代需求，以5G结合新兴技术为重点打造数字产业融合发展示范区，构建松山湖科技创新发展新高地。

赢城规划的元昇数谷工业互联网服务型园区是以高质量发展为目标，按照工业互联网内涵要求，规划、建设、运营的新型园区。园区以供给侧结构性改革为主线，以协同创新、集群集约、智能融合、绿色安全为导向，通过载体、平台、企业三大体系和新模式、新业态的构建，来指导园区建设发展。

以元昇数谷为代表的数字经济产业园区，正以穿珠成链、连链带片之势，深度参与到东莞数字经济新经济的发展浪潮中，着力推动构建新发展格局、催生新发展动能、激发新发展活力、拓展社会发展新局面。

2. 项目基础概况

元昇数谷位于松山湖北科技二路9号，地处松山湖科学城北部CBD核心区域，位于新城大道、松山湖大道、莞惠城轨、中虎龙城际、莞深快轨、东莞地铁3号线以及深圳地铁13号线交汇处，交通便捷，区位优势明显；毗邻华为南方生产基地、华润万象汇广场、松山湖北部体育馆，集合行业龙头企业、顶级城市配套和产业服务中心。

元昇数谷占地约 3 万平方米，约 11 万平方米办公写字楼，园区总投资约 7.5 亿元，规划高层研发大厦、独栋总部、人才空间及品质商业配套，建设共 8 栋载体，包括 1 栋 20 层高的研发办公楼、5 栋 4 层高的独栋研发楼和 2 栋 13 层高的人才配套公寓。元昇数谷是由元昇产城倾力打造的高端品牌产业载体平台，由中国专业产业运营机构——赢城产业运营有限公司负责全程专业规划与招商运营，由行业领先的社区服务与资产管理运营商——金地物业负责高品质物业管理，与国家信创企业——飞企互联合作建设智慧园区。

元昇数谷研发大厦有着时尚与科技感兼具的办公大堂，挑高 10 米，柱距 16.8 米，配置了 7.8 米高×4.5 米宽的 LED 大屏；除了 6 台客梯和 2 台货梯外，还配置了 2 台 VIP 专用客梯；外立面采用双层 Low-E 玻璃幕墙，隔音、隔热、透光度高；采用隐梁楼板，有效提高了使用净空和采光；采用 IBMS 智能化集成管理系统，将本园区 13 个智能化子系统统一纳入平台管理，提高物业运营管理效率。园区还配有 1000 平方米的东莞工业互联网创新中心、850 平方米的品牌智慧餐厅、1380 平方米的会议中心和 500 平方米的员工活动中心，营造出至臻产业空间，引领新时代工业风尚。

元昇数谷聚焦工业互联网等数字化产业生态圈，打造粤港澳大湾区一流的工业互联网产业园和工业软件示范基地，着力构建东莞城市首个工业互联网产业园和专业工业互联网展厅，为大湾区产业集群数字化转型提供源源不断的动能。该项目已于 2021 年 12 月正式开园。

园区愿景：实现园区本身的集群化、创新化、智能化发展。实现园区与外部资源的网络化、协同化、融合化发展。实现园区经济效应、社会效应、全球效应的价值体现。

园区价值：助力园内企业的模式创新、高效运营、持续发展。推动园区进行合理化定位、科学化营销、高端化服务。助力政府对园区的高效协作、精准扶持、有效监管。

3. 园区重点产业

在项目规划初期，赢城就进行前期定位策划服务。围绕产业定位框架，通过市场调查和客群调研，对项目地块基准进行研究，基于宏观产业环境、政策环境、区域产业规划、当地产业现状、市场竞争关系等进行深入分析，通过赢城产业大数据平台，最终得出精准科学的园区产业定位和产品规划（见图4-9）。

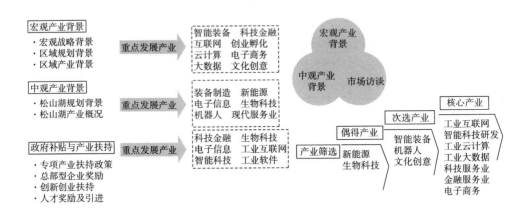

图 4-9 元昇数谷重点发展领域

资料来源：赢城产业项目组整理。

元昇数谷整体定位打造湾区一流工业互联网产业园和工业软件示范基地，以助力东莞制造业转型升级为使命，重点孵化和引进工业互联网平台、工业云平台、工业软件、工业 App、5G 网络与应用、互联网安全、工业大数据、人工智能与机器视觉、数字孪生、智能研发、智能工厂服务、智能供应链与物流服务、典型行业工业互联网应用场景与服务，建设工业自动化、工业机器人、智能装备、智能终端研发中心与运营中心，培育和打造数字产业集群。

4. 园区发展举措

（1）招商举措。

赢城构建"先造核、再造势、后招商"整体操盘思路，围绕"产业龙头定向招商、产业大数据资源招商、产业政策招商、产业基金招商、产业平台招商、以商招商以才招才、渠道资源联动招商、商业配套招商"八大招商策略，建立专业的招商团队，全力推进招商工作取得新成效。

（2）产业生态构建。

元昇数谷以助推东莞制造业数字化转型升级为使命，培育和打造数字产业集群为目标，跨界整合产学研、科技、金融、人才、供应链、市场、产业大数据等资源，构建"两个基地、一个联盟、六大服务、八大配套"的"2168工程"特色生态体系，为企业提供专业化、精细化与定制化产业服务，助推企业快速成长，以及与园区共同发展（见图4-10）。

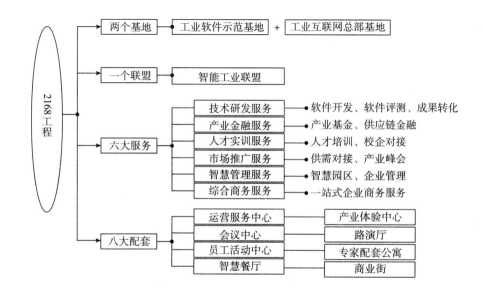

图 4-10 元昇数谷运营生态体系

资料来源：赢城产业项目组整理。

"2168工程"具体如下：

1）工业互联网总部基地。作为工业互联网总部研发与转化功能型平台载体，旨在培育产业发展环境，以促进产学研用协同创新，加速工业互联网技术、产品及应用创新，促进工业互联网自身产业链发展，助推传统工业企业转型升级，建成国内高质量发展的工业互联网创新基地。

2）工业软件示范基地。旨在提升东莞工业技术软件化能力，构建工业App

集成开发环境，推动工业 App 协同开发、持续集成应用；打造共享交易平台，推进重点行业应用，加速工业技术软件化进程，形成工业软件产业集聚，建成国内领先的工业软件产业示范基地。

3）智能工业联盟。通过与信通院旗下工业互联网产业联盟、广东工业互联网产业联盟及进驻园区的东莞市智能制造协会、东莞市大数据协会等合作，立足于搭建工业互联网的合作与促进平台，聚集业界的中坚力量及相关机构，打造东莞制造业数字化转型升级生态供给资源池，促进相关主体之间的交流和深度合作，促进供需对接和知识共享，形成优势互补，有效推进东莞工业互联网产业发展（见图4-11）。

图4-11 元昇数谷智能工业联盟

资料来源：赢城产业项目组整理。

4）技术研发服务：与专业平台合作打造集先进研发工具为一体的一站式云端平台，面向开发者提供云服务，即开即用，随时随地在云端进行项目管理、代码托管、流水线、代码检查、编译构建、部署、测试、发布等，让开发者快速且轻松地开启云端开发。与东莞软件行业协会打造软件评测公共平台为园区、松山湖及东莞广大企业提供软件产品登记测试、确认测试、鉴定测试、项目验收测试、计算机系统集成资质认定、CMMI 认证、信息工程监理、评估、培训、咨询等服务。

5）产业金融服务：与广东省创业投资协会等合作加强园区企业与投融资机构的对接，搭建双方之间的交流平台和投融资政策信息传递平台，包含创投基金服务、投融资指导服务、上市融资服务、产权和股权交易服务、私募资本服务等服务。与锚云科技等合作搭建工业互联网供应链金融平台，为工业互联网核心企业的上下游企业提供便捷的全流程在线金融服务，如账款管理、支付结算、企业资金管理等，促进资金流信息流价值最大化。

6）人才实训服务。与工业互联网产业联盟、航天云网和东莞理工学院等合作打造"产教融合"的"智能+学院"，重点针对工业软件、"工业 4.0"解决方案、工业通信网络、人机互动、数控系统等技术类课程开展培训教育，提供人才评测、考试认证等服务。

7）市场推广服务。与专业平台合作打造东莞领先的工业互联网供需对接、科技成果转化平台，主要提供科技成果库、科技成果交易、中介服务、科技需求、专家库、科技资讯、项目路演、项目申报、知识产权等专业服务。联合政府职能部门、产学研机构、商协会联盟、行业龙头、媒体等组织每年举办"东莞工业互联网创新发展高峰论坛"，活动秉承高效、精准、持续的运营理念，为园区内外产业链企业提供展示推介、产业引进、项目合作等服务。

8）智慧管理服务。与国家信创企业飞企互联合作打造智慧园区，把园区所有的管理与服务纳入统一的系统中，降低园区管理成本，提高管理效率与管理水平。通过手机 App、微信小程序、网站端为园区企业及员工提供产业服务、商务服务、生活服务和物业服务等。

9）综合商务服务。与专业平台机构合作，为园区企业解决各项基础政务、常规商务服务，打造一站式综合商务线上服务平台，服务内容有登记注册、法律、代理记账、知识产权、会务、检测认证、管理咨询等。

10）打造工业互联网产业的招商运营支撑的八大配套。园区通过"产业+配套"和"平台+生态"两方面发力，丰富园区产城人融合发展。配有精英人才公寓，尽享全屋精装高舒适空间，同时配有集工业互联网创新中心、大型会议中心、双创路演厅、高端智慧餐厅、多元商业街、员工活动中心等集商务、社交、文化、美食、休闲娱乐于一体的多元配套，让科技人才尽享多彩生活。

工业互联网创新中心定位工业数字化生态汇聚、制造业数字化转型赋能、人才实训产教融合、创新项目投资孵化四大能力，总共联合了10多家行业协会和20多家工业互联网、工业软件与智能制造的生态联盟伙伴，共同打造城市工业互联网创新中心，主旨就是聚集产业生态助力推进东莞制造业产业集群转型升级。已入驻展示企业有航天云网、华为云、腾讯云、上汽集团·人工智能实验室、甲骨文、盘古软件、锚云科技、日本米思米、般若大数据、平方和机器视觉、东莞移动等。

2021年12月，中国信息通信研究院主办的"2022中国信通院 ICT+深度观察报告会"在北京顺利举办，赢城以元昇数谷为典型应用的《工业互联网园区招商、规划、运营解决方案》与华为、航天云路、卡奥斯、中国联通、新华三、PTC、瀚云科技、浪潮工业互联网等20家企业同时入选由中国信息通信研究院和工业互联网产业联盟共同发起的《2021工业互联网园区解决方案案例汇编》，成为工业互联网服务型园区运营解决方案的首批典型案例。

5. 发展启示

元昇数谷作为工业互联网产业园+工业软件示范基地标杆，我们总结主要有以下四点值得借鉴：一是赢城以"产网融城人"的思维构建"先造核、再造势、后招商"整体操盘思路；二是市场竞争差异化定位、优势产品齐全配套全面领先；三是赢城整合行业内外生态资源，最大化引入流量；四是基于元昇产城打造标杆产业园区目标的强强品牌联合策略。

历史经验表明，不能从策划、运营、招商全程服务的产业园区，不清楚自身产业定位，不搭建特色系统的运营服务平台，没有专业持续的运营团队服务，会逐渐从"产业运营"蜕变成"物业管理"，直至最终完全丧失产业核心竞争力。这种情况在国内已经屡见不鲜。而赢城从项目报建阶段，就围绕差异化定位与前置策划服务，为元昇数谷从产业园区同质化的竞争中脱颖而出创造了先决条件。遵循"先造核、再造势、后招商"整体操盘思路，立足工业互联网服务型园区的体系建设，使元昇数谷从招商到选商，成为行业的标杆项目。

立足于园区与产业发展逻辑，赢城所构建"先造核、再造势、后招商"整体操盘思路如图4-12所示。

打造园区运营五大核心支撑
◆设立园区产业创新中心
◆建立产业联盟与产业基金
◆建立园区企业服务公共平台
◆引进产业协会/产学研机构落户
◆建设智慧园区管理服务平台

打造项目全方位招商体系
◆产业龙头招商(前置)
◆赢城产业大数据招商
◆产业基金招商
◆产业平台招商
◆政策定向招商
◆渠道联动招商
◆商业配套招商

打造产业园区运营商品牌形象
◆构建项目强强联合运营形象
◆建立园区产业运营服务氛围
◆举办高规格的产业高峰论坛
◆线下与线上媒体宣传相结合

图4-12 项目整体操盘思路

资料来源：赢城产业项目组整理。

值得关注的是，当前市场环境下，同质化竞争日趋激烈，如何创新打造符合产业需求的产品以及定制化的服务和科学的运营模式，构建产业园自身IP，也成为影响各产业运营服务商关注的重要因素。

园区从"0"到"1"的摸索阶段虽然很辛苦，但唯有坚持，为园区找到合适的定位，才能发挥产业集聚效应，更有利于项目的后期运营。无论产业园如何多元化发展，园区内企业的满意度和园区品牌美誉度的提升，都是需要重点关注的。回归本质，做好平台和服务，显得更为重要。

十、宏远新智汇：松山湖智能产业总部基地

1. 项目发展背景

近年来，各地为了发展智能制造产业，在智能制造链条上诞生了大量的产业园区，这些园区孕育了一大批智能制造产业链企业，已经成为中国智能制造产业的重要承载地和孵化器。

智能制造是高性能产业，对提升一国的制造业核心竞争力具有重要的战略意义。同时，智能制造还是引领"第四次工业革命"浪潮的核心动力，智能制造所涵盖的相关产业将成为未来世界工业发展领域的主导产业。

从 2015 年起，东莞市连续出台《关于大力发展机器人智能装备产业打造有全球影响力的先进制造基地的意见》《强化新要素配置打造智能制造全生态链工作方案》《东莞市打造智能制造生态链财政资助实施细则》等政策，加快打造东莞智能制造全生态链。

2. 项目基础概况

广东宏远集团成立于 1987 年，是东莞本地大型企业，经过 30 多年的发展，现已形成以产业地产开发经营为基础，房地产开发、药业为龙头，体育产业、新能源汽车、电子科技、服务业、国际贸易等产业配套发展，跨地域、多元化经营的发展格局。

宏远新智汇是宏远集团整合 30 多年产业园区开发运营经验，联合赢城 10 多年专业运营经验共同打造的新一代低碳智能产业综合体。宏远新智汇集现代办公、研发展贸、生活休闲于一体，以东莞市场和政策指引为指引，秉承"创新创造，智能智造"的核心理念，汇集智能产业、国际科技、人才优势、地区优势、宏远品牌资源等，强力构建"众创空间—孵化器—加速器—总部基地"创新型产业集群生态系统，助力打造东莞智能制造全生态链。

宏远新智汇位于松山湖北部高新产业区科技二路，紧邻松山湖北站，占

地面积约 3 万平方米，建筑面积超 10 万平方米，绿化率为 30.9%，定位为松山湖智能产业创新基地，规划有研发大厦、创客社区、科技企业孵化器、上市加速器、企业总部独栋等，是集现代办公、研发展贸于一体的高品质产业园区。

3. 园区重点产业

园区高质量发展，必须统筹安排主导产业、优势产业、特色产业，做到发展目标明确、产业特色鲜明。宏远新智汇依托松山湖"4+1"现代产业体系及华为产业链，定位为智能产业总部基地，主导产业是高端电子信息产业、优势产业是互联网及软件产业，特色产业是智慧健康产业，辅助产业是现代服务业。为避免同质化，打造特色园区，从产业招商和运营上入手，园区整体构建"一个总部、两大平台、五大服务、六大配套"特色运营体系。

4. 园区发展举措

（1）产业空间建设。

为满足企业不同生命周期发展需求的多种类型产品需求，宏远新智汇合理配置空间，拥有大平层办公、精装办公、附加价值丰富的独栋办公、人才公寓等多元的功能体量，制定出兼顾高效益、落地性、差异化、体验感及可持续运营的产业空间，提高园区竞争力。

公共配套作为园区核心，衔接独栋办公总部及高层办公群。底层的商业配套，为园区企业提供生活休闲娱乐和公共活动场所。功能方面，拥有园区会议中心和企业展厅，可以举办项目路演、培训、沙龙、讲座等活动。可以满足企业对展示、会务等功能的需求，也满足了初创企业对平台、资源、空间以及相应的商务配套需求。

（2）产业运营构建。

宏远新智汇构建"1256"运营体系，即一个基地——智能产业总部基地，两大平台——产业服务平台、企业交流平台，五大运营服务——科技金融服务、"双创"孵化服务、上市辅导服务、数字信息服务、综合商务服务，六大综合配套——企服中心、会议中心、企业展厅、园区餐厅、商业街区、智慧园区。运营服务涵盖企业人才、金融、技术、市场，链接企业发展的全资源要素，贯穿企业发展的全生命周期，运营服务理念高端前瞻，全方位护航企业发展（见表4-3）。

表4-3　宏远新智汇运营服务

运营服务	科技金融服务	"双创"孵化服务	上市辅导服务	数字信息服务	综合商务
服务内容	项目路演、天使投资、股权融资、债权融资、融资租赁等	创业培训、创业资金、创业资源对接、创业大赛等	投行/资本咨询、股权激励咨询、战略投资规划等	App/小程序开发、网站建设、主机托管、自媒体运营、云应用、IT维护、产业大数据、产品智能检测等	工商注册、财税法务、商标注册、政策申报、人力资源、企业管理咨询、知识产权、展会/市场对接、企业交流活动等

资料来源：赢城产业项目组整理。

宏远新智汇建设科技企业孵化器，汇集智能产业众多创新创业元素，以"双创"企业的需求为导向，致力于构建服务功能完善的创业生态，从政策扶持、资金投入、技术支撑、人才导入等方面营造创新创业环境，推动"双创"青年在"创新、创业、创意、创客"浪潮中实现个人梦想。设有众创空间、一站式服务中心、创业咖啡、创意展厅、众创学院、路演厅、多功能会议室、商务会客室、员工活动室等。同时，成立园区孵化基金，为孵化器企业提供股权融资服务，帮助企业快速成长。

此外，宏远新智汇还与高校、人才招聘机构合作，根据企业的不同诉求进行整合和人才输送，并且利用互联网自媒体平台优势，拓展企业人才招聘渠道。

（3）产业金融举措。

宏远新智汇设1000万元智能产业投资基金，与广东天使会共同成立新智汇路演中心，与东莞农村商业银行共同成立"园融通"科技金融平台，与希达投资共同成立新智汇企业上市加速器，与华扬资本共同成立资本培训学院等。

一系列的金融举措，满足园区企业对金融服务的需求。

（4）产业政策举措。

入驻宏远新智汇的智能产业创新科技型企业，不仅可以享受松山湖最大力度的产业、科技、金融、人才等扶持政策，而且有新智汇特定专享的租金优惠和额外免租优惠政策及最大的运营支持，吸引了众多企业落户园区（见图4-13）。

项目类别	项目名称	项目类别	项目名称
成果认定类项目	广东省高新技术产品 双软评估（软件产品、软件企业）	人才类项目	松山湖引进人才生活补贴 一次性创业补贴 东莞大学生就业补贴
资质认定类项目	国家高新技术企业 科技型中小企业评价 东莞市专利优势企业 省级知识产权示范/优势企业 国家知识产权示范/优势企业 上市后备企业	设备购置类项目	工业和信息化专项资金融资租赁贴息 东莞市自动化改造项目 智能化改造项目 企业技术改造项目入库
经济增长类项目	东莞市"倍增计划"试点企业 促进小微工业企业上规模 研发费用税前加计扣除	专利奖励项目	国内授权发明专利资助 获美国、日本、英国、欧盟国家授权的 发明专利资助 东莞市发明专利申请资助
创新平台类项目	市/省级新型研发机构 市/省/国家级工程技术研究中心或 重点实验室 市/省/国家企业技术中心 博士工作站 研究生联合培养实践工作站	绿色生产类项目	绿色清洁生产奖励项目 省级地方标准 国家标准 国际标准

图4-13　宏远新智汇主要政策项目申报

资料来源：赢城产业项目组整理。

此外，宏远新智汇携手政府相关部门、商协会、专业机构共同致力于对企业进行孵化，积极引导企业申报多项关键性政策扶持企业发展，园区还为企业提供面对面服务，帮助企业更好地得到政策支持，实现成果快速转化落地。

（5）产业招商举措。

产业招商，需要"三气"——人气、名气、财气，它们之间是循序渐进的关系（见图4-14）。作为一个新园区，首要任务是要聚集人气，通过各种渠道接触到企业的决策人，了解企业主的需求，从而进行精准招商。

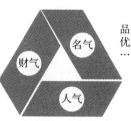

产出是结果
产出的高低是园区运营的结果……

品牌是标杆
优质的招商资源导入能树立标杆……

财气

名气

人气

人气是基础
在园区开园一定时间内，要在集聚人气上下
功夫，没有人气，园区不可能成功
……

图 4-14 产业招商关系

资料来源：赢城产业项目组整理。

宏远新智汇没有按照传统招商推广方式对外投放大量招商广告，而是根据松山湖已成为东莞智能产业制高地、深圳企业外溢优先地这一现实情况，通过编制产业招商地图，先引龙头，再用赢城产业大数据平台招商+政策招商+资本招商+市场招商手段，整合招商资源，打出一整套组合拳，从而实现良好开端。

宏远新智汇引进了通用电气、广东蔚蓝智能科技有限公司、广东蜜巢家居科技有限公司、广东晶林智能科技有限公司、广东领锋电子科技有限公司、东莞市开复智能科技有限公司、东莞市中科智恒新材料有限公司、东莞市艾比楼宇智能系统工程有限公司、深圳市润青电子科技有限公司、东莞市睿兴电子科技有限公司、奥达科紧固系统（东莞）有限公司、东莞市安宿泰电子科技有限公司、东莞江三网络科技有限公司、东莞市携诺信息技术有限公司、广东中科源信息科技有限公司、美年大健康松山湖分公司、东莞市美嘉尔医疗科技有限公司、东莞市万佳医疗科技有限公司、东莞菲睿科尔医疗科技有限公司等企业，累计进驻 200 多家企业。

在引进的企业中，智能装备、智能制造、高端电子信息产业占 46%，互联网与软件产业占 23%，智慧健康产业占 8%，现代服务业占 16%，其他产业占 7%（见图 4-15）。

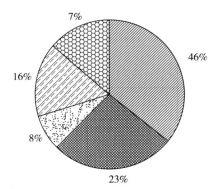

☑高端电子信息 ⊠互联网与软件 ☐智慧健康 ▨现代服务业 ☒其他产业

图4-15 宏远新智汇园区入驻企业行业分布

资料来源：赢城产业项目组整理。

（6）企业交流举措。

宏远新智汇成立园区企业家俱乐部，搭建企业家交流平台、企业家学习平台，定期邀约专家举办讲座，针对企业发展热点问题举办沙龙、论坛，组织会员走访考察优秀企业，提供企业咨询诊断服务。

通过对接政府、产学研、商协会、服务机构等资源，举办智企汇大讲堂、行业沙龙、产业论坛、技术研讨会、项目路演、学习培训及各种社区文化活动，每年园区举办活动超100场，宏远新智汇已成为高新科技产业交流中心，营造极具活力的创业孵化空间。

5. 发展启示

针对园区发展过程中，有几点可借鉴的核心要素，一是园区顶层规划设计；值得一提的是赢城产业运营公司，针对宏远新智汇项目当前存在的问题，从宏观经济、市场趋势、区域竞争、本地基础、成功案例等多维度分析，确定宏远新智汇产业定位为智能产业创新基地，制定相关产业发展、招商与运营策略并提出项目的功能布局及产品打造建议，为企业在发展过程中降本增效，助力园区企业飞跃成长出谋划策（见图4-16）。

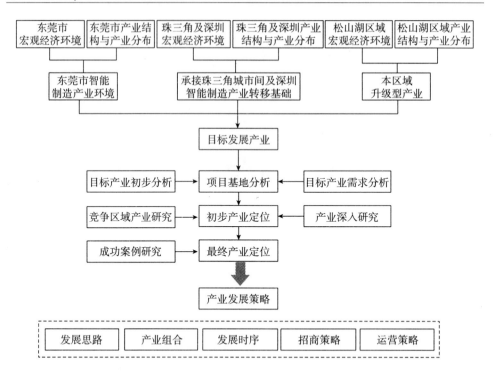

图 4-16　园区产业发展策略

资料来源：赢城产业项目组绘制。

二是产业招商+专属政策，为了促进松山湖产业升级与集聚，吸引优质企业落户，已推出双创企业和总部企业的招商优惠政策，针对智能科技企业/项目、拥有软件著作权或发明专利或实用新型专利、入选东莞市千人计划或领军人才或科技创新团队、已获得高新技术认定的企业、属于海外孵化企业、倍增计划或上市、上市后备企业等给予一定的租金额外减免补贴。

三是优质产品+齐全配套，匠心打造智能产业大厦、小型办公、企业独栋等产品，同时园区内以优质的企业服务和生活配套，助力企业发展。

四是构建可持续的运营服务体系+专业团队执行，秉承"创新创造，智能智造"核心理念，强力构建"孵化器—加速器—总部基地"创新型产业集群生态系统，入园企业不仅能体验到园区 360°运营服务以及精准赋能，更让园区企业享受到区域发展所带来的红利。

十一、中国电子·南方软件园——央企代表信创产业示范基地

1. 项目发展背景

南方软件园是十一个"国家软件产业基地"之一，作为中国电子旗下的品牌产业园区，紧紧围绕"云、物、移、大、智"等数字经济新兴产业，充分发挥中国电子作为国内最大的网信央企的龙头作用，积极探索践行国家双创战略，建设具有区域影响力的生态型、创新型、智慧型的中国软件名园。

目前南方软件园在珠海、东莞等地共有4个园区，总面积达50万平方米，聚集网信产业链软硬件企业超300家。①

南方软件园松山湖园区将抓住契机，积极对接中国电子加快打造国家网信产业核心力量和组织平台的使命要求和东莞市的发展战略，进一步强化产业服务能力，以产业规划为牵引、以空间规划抓落地、以运营规划做保障，聚集企业发展关键要素，创新产业服务体系，发力产业生态建设，加快融入松山湖科学城，助力大湾区数字经济高质量发展。

2. 项目基础概况

中国电子·南方软件园松山湖园区是由世界500强——中国电子信息产业集团有限公司旗下珠海南方软件园公司运营管理的集电子信息、船舶电子、信创软件为主题的园区，园区筹建于2018年，占地面积3.2万平方米，总建筑面积近13万平方米。园区根据现代企业的个性化需求，打造192~1783平方米的产研空间，适合不同规模需求的企业进驻，匹配企业全生命周期发展空间②。

中国电子·南方软件园松山湖园区是松山湖第一批现代服务业主题产业园，园区配有国际会议中心、项目路演中心、客服中心等办公配套空间，设有共享实验室、双创空间、成果交易展示大厅等科技研发配套空间，同时匹配智慧餐

---

① 广东省工业园区协会。
② 中国电子南方软件园松山湖园区。

厅、创客咖啡、健身汇、体检中心、银行金融等商务生活配套空间，三维度空间赋能园区企业、人才事业、员工，满足共性所需，提供企业运营效率。

3. 园区重点产业

南方软件园松山湖园区始终坚持产业规划、空间规划、运营规划三位一体统筹考虑，践行"以产兴园、以园促产、园城融合"的发展方针。

园区以智能物联网为产业招商主题，重点引进和培育以电子电力、集成电路、物联网、智能终端、汽车电子、通信系统、智能机器人等产业为主导的创新型企业，提供个性化入驻解决方案。

4. 园区发展举措

（1）招商举措。

目前，入驻企业数超 50 家，其中数字企业有 39 家，81.25%企业都涉及电子信息领域，产业人才达 1500 余人，产业集聚明显。入驻企业中，目前瞪羚企业 1 家，东莞市倍增协同企业 2 家，高新技术企业 6 家；规模以上企业 3 家。

（2）产业生态构建。

1）核心聚焦信创产业：重点打造以信创产业为特色、以赋能智能制造和数字应用创新为主导的产业集群。结合中国电子 PKS 体系和东莞产业特色，重点布局工业软件、芯片设计与检测、智能终端嵌入式软件、船舶与海洋电子及先进技术协同创新领域。园区与飞腾信息、麒麟软件、奇安信、数字广东、中国长城、中国软件等中国电子等信创产业链合作伙伴建立紧密沟通机制，共同建设"信创产业适配中心""自主安全信创人才培养基地"等，为信创产业发展的筑链、强链、补链、延链作出积极贡献。

2）创新提质产业平台：构建"基础研究+技术攻关+成果产业化+科技金融+人才支撑"全过程创新生态链，有效助力企业提质创新。电子信息类共享实验室——半导体封测、全消声、高低温环境、射频、电源、通用实验室等电子信息行业专用的实验室；萤火工场——中国电子旗下双创服务平台，聚焦智能硬件设计链服务，承担着助力电子产品应用创新研发的工作；PKS 联合创新空间——设立 PKS 体系适配服务平台、设博士及专业技术人员组成 PSK 项目支撑保障服务团队；南方软件园人才驿站——面向高层次人才和本地产业，引才纳智、信息发布、交流对接的新型信创人才成长平台。

3）协同联合产业伙伴：联合多种创新创业资源建立起有效的企业创新、培育体系，保证服务的专业性和权威性；行业协会——软件行业协会（软件检测服务点设园区，获 CNAS 认证）、东莞市电子信息产业协会（松山湖联络处设于园区）；科研院校——以下院校在园区设立科技顾问工作站：电子科技大学广东电子信息工程研究院、华中科技大学工业技术研究院、西安电子科技大学深圳研究院、中科院声学研究所、上海微电子工研院……；第三方——政策申报、科技成果转化、科技金融等咨询服务（见图 4-17）。

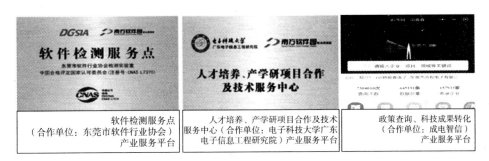

图 4-17　中国电子·南方软件园产业服务平台

资料来源：园区官网。

（3）政策举措。

1）人才政策：针对园区创新创业创富项目，出台《松山湖（生态园）新引进人才生活补贴暂行规定》《关于鼓励东莞松山湖（生态园）企业在校设立奖助学金资助方式（试行）》等人才政策，帮助企业引进和留住人才。

2）金融政策：出台《东莞松山湖（生态园）促进科技金融发展实施办法》《东莞松山湖（生态园）鼓励企业上市挂牌奖励暂行办法》等政策，鼓励金融机构加大对企业发展的资金支持力度，扶持企业做强做大。

3）产业政策：重点针对生物技术、IC 设计、文化创意、电子商务等产业，出台了相关产业政策。

5. 发展启示

以下我们总结了几点关于中国电子·南方软件园松山湖园区发展过程可值得借鉴学习的地方：

一是合理布局，聚焦产业生态。在新机制、新战略和新机遇下谋求新发展，借助东莞在电子信息硬件制造领域的发展优势，利用中国电子在国家信创产业的战略布局和南方软件园自身多年在软件园招商运营服务中积累的经验，整合多方资源，在广深科创走廊科创新高地的东莞松山湖南方软件园新园区打造一个新亮点。

二是共建共享 PKS 体系生态。为了以多种方式强化产业资源集聚和产业链上下游衔接，引领带动形成万亿级网信产业大生态，促进网信产业健康发展，南方软件园松山湖园区发起设立了中国电子"PKS"（松山湖）联合创新空间，坚持系统观念，打造自主安全计算体系，践行新发展理念，共建 PKS 体系生态。PKS 体系生态联盟围绕"平台共建、资源共享、联合创新、开放发展"的原则，依托中国电子集团央企核心和平台优势，联合组织产业链上下游企业，整合链接多方资源，打造共享平台，实现交叉赋能、融合聚能，深挖合作机会，吸引更多生态伙伴加入 PKS 生态体系，构建更完善、更丰富的产业生态，与生态伙伴共拓信创市场。

三是高标准打造东莞特色软件产业园区。坚持"以产兴园、以园促产，产城融合"发展方针，积极对接中国电子在网信创新发展战略和东莞市及松山湖高新区发展战略，依托中电港—国家级元器件创新应用平台，推动"中电·阿里云 AIoT（松山湖）产业基地""中船·船舶与海洋电子信息产业松山湖创新基地""5G 物联网产业（松山湖）国际创新中心"等合作项目落户园区，形成"芯—端—云"的产业集群，打造"芯科技、芯技术和芯应用"的场景式展示体验中心、教育实训中心和方案交易中心，努力把南方软件园松山湖园区建设成为具有东莞特色的软件产业园区。

第三节 从产业载体发展看松山湖的未来

一、产业载体与园区发展的困境

产业园区是每个城市区域经济发展、产业调整升级的重要空间聚集载体，担负着聚集产业创新资源、培育新兴产业、推动城市化建设等一系列的重要使命。

近十年来，产业园如雨后春笋般涌现，既有地产开发商主导兴建的，也有专门从事孵化器运营的公司自主经营的，还有以政府或地方龙头企业牵头建设的产业园。能获得资质评定的产业园不多，入选全国百强的更是凤毛麟角。[12]

前文我们列举了一些案例，但从目前松山湖园区发展概况来看，地方政府、产业园区和龙头企业在推动产业创新中依然存在一些不足，大部分中小产业园区面临的困境主要表现在以下几个层面：

1. 园区战略定位与区域协同

产业园区生来就具备了"走出去"的宿命，而走得远不远、走得稳不稳则看的是产业园区运营商的区域战略布局，而在中国构建"双循环"新发展格局下，产业园区运营商的布局通过国家区域战略、城市群战略等大势导向，为园区的规模化拓展带来更大的发展空间。在区域协同发展的趋势中，园区战略定位与区域战略缺乏协同视角，具体表现为以下两个方面：

第一，缺乏区域协同视角。产业园区运营商在布局的时候往往更多考虑的是当地的选址情况与园区盈利状况，而对于当地所在的城市区域、当地与周边的城市环境，以及对其在所在的城市群中的功能定位等问题缺乏深入、系统的思考，导致园区布局跟不上区域发展的步伐。

第二，缺乏产业协同视角。大多数产业园区运营商并不擅长所有的产业运营，需要借助外力，且不同区域的区域特色、产业基础以及产业发展方向不同。如果能够使诸多异地园区形成产业协同效应，以总部为中心，以产业资源协同为渠道，构建产业生态，就能实现产业运营效益最大化。

2. 产业定位不清晰

产业园区发展在我国经济社会发展中一直有着"先试先行"的功能作用。如果园区产业定位、发展方向和发展模式缺乏明确的区分，就会导致园区数量众多、产业定位不清晰、分散且规模较小，不仅较难形成规模经济，还会不断加剧和周边园区的恶性竞争。就松山湖而言，松山湖最开始在产城运营、战略定位上站位不够高，没有抢先抓住"中国硅谷"科技园的形象定位吸引外商外资，东莞在城市品牌运营上也一直没有专业机构去研究和推广，直到深圳光明科学城的出现，对全球企业和深圳企业外溢都有了较大吸引力，与松山湖形成直面竞争。

因缺乏系统的产业规划，在园区产业选择上，往往倾向于着眼于当地狭窄的空间、资源以及原有的产业基础去发展相关产业，不能从全省乃至全国产业发展动态着眼，分析当地园区最具特色的产业优势及未来发展潜质，在产业选择上容易陷入与相关条件类似的兄弟园区同质化发展的情况，导致园区没有特色，缺乏后劲。

3. 产业关联度不高

产业园区，尤其是高科技产业园区，重要的是某一类产业的集聚，如汽车产业园、生物医药产业园、电子信息产业园等。这些企业之所以在园区集聚，是因为企业与企业之间存在一定的关联，比如生产同类型的产品，或者属于同类产品的不同层次（高端、中端、低端），或者属于同一行业的上下游，属于协作、配套关系，通过集聚实现规模效应。同时，针对某一类产业，政府可以制定针对性的产业政策，其他专业的配套服务，如检验检测、供应链金融、仓储物流等也可以进行针对性的配置。但目前，松山湖以及国内大多数产业园都出现了"抓到篮子里都是菜"的盲目招商思维，导致大部分园区出现产业链多而短、产业关联度不高、产业发展混乱、企业间缺乏联系的尴尬情况。

4. 产品定位与规划特色不足

现代化的园区是个功能复合的综合体，涉及的物业不仅仅是厂房和办公楼，还有住宅、商业、商务等多种物业类型，因此，在产品定位与规划设计上，大部分的产业园区功能分区无法凸显其功能，综合配套过于机械，产品缺少使用价值，园区缺少产业氛围，难以做到与市场严丝合缝地对接。

目前，多数产业园区产业依然保留了产业园的开发模式，在功能分区、综合配套以及产品结构上，缺少了更多的市场亮点，无法形成独特的市场吸引力，从而泯然于风起云涌的区域产业园区大潮之中。这也是造成产业园同质化现象严重的原因之一。

5. 技术创新不足

产业园出现的初衷是为了促进产业集群，通过孵化平台帮助高潜力初创企业发展，培养高精尖的产业企业。但是，很多产业园只是给企业提供办公空间，并没有给高潜力初创企业提供人才或智库的支持。

总的来说，园区技术创新不足体现为运营管理缺乏，大部分的园区只有基本的物业管理，没有运营管理和企业服务。下面我们简单讲下关于地方政府、产业园区和龙头企业在推动产业运营创新过程中存在的问题。

第一，地方政府是产业创新发展的重要推手，对产业创新起着重要驱动和引导作用。由于地方政府在促进产业创新过程中的缺位、错位、越位等，在推动产业创新发展中常常存在以下问题：一是产业创新的生态环境营造不力，存在环境驱动和政策拉动乏力的问题。地方政府是营造良好产业创新生态环境的主要角色和责任担当，需要从区域经济发展特点、城镇化经营策略、经济环境、产业定位、产业规划、产业政策、产业结构、产业培育能力、产业基础设施、市场需求、产业转型升级、竞争规则、文化背景、资源条件、企业家精神与企业家培育机制等多个方面系统性、持续性地营造产业创新生态环境。二是产业创新体制机制不顺，存在政策体系不完善、不配套的问题。地方政府的产业创新主管部门之间缺乏高效互动的机制，部门、地区之间条块分割，没有形成推进产业创新的合力。三是产业创新的投资拉动和资本运营策动的力度不够。地方政府不擅长通过产业引导基金或母基金的资本运作对产业创新、新兴技术和人才引进进行投资拉动，区域风险投资不发达，缺乏有效的投资约束、监督和考核机制，对产业创新的资本策动力度不够，投资效率和投资回报不高。四是产业创新的知识引领缺失和技术推动不力。地方政府在人才激励机制、分配机制、科技成果转化机制、技术引进的消化吸收机制方面等不健全或不完善，导致产业创新的知识引领缺失和技术推动不力。

第二，园区是产业创新发展的重要载体，对产业创新起着重要的支撑、培育、辅导和服务作用。园区在推动产业创新发展中主要存在以下问题与窘境：一是园区对产业创新的支撑、培育、辅导和服务作用的认识不足。园区的研究策划、规划设计、开发建设与运营管理主要是房地产思维，园区运营收入来源单一，主要依赖工业、商业、住宅等房屋出售、租赁和物业管理收入，园区运营本质上是在做房地产经营而不是做产业服务或企业服务。二是园区对产业创新的支撑作用不够。促进产业创新的基础设施不完善，尤其是缺乏技术创新共享平台和产业互联网等基础设施。三是园区对产业创新的培育、辅导、孵化、加速等作用非常有限。主要表现在产业创新的服务体系不健全或产业创新的专业服务能力不到位。同时，园区在产业创新的培育、辅导、孵化、加速等方面，存在周期长、投入高、发展速度慢、项目成功率低、投资回报低等问题，很难培育"黑马"和"独角兽"企业。

第三，企业是产业创新发展的重要主体，尤其是龙头企业，通过知识引领、技术推动、资本策动、业务驱动、资源拉动、示范带动等效应对产业创新起着重要主导作用和带头示范作用。龙头企业是指在某个行业中，对同行业的其他企业具有很深的影响、号召力和一定的示范、引导作用，并对该地区、该行业或者该国家做出突出贡献的企业。龙头企业在推动产业创新发展中主要存在以下问题与窘境：一是龙头企业本身只是传统的生产型企业而不是创新型企业，对产业创新的技术推动能力不足，自身的产品技术档次低、产业技术水平差、技术创新能力薄弱。二是龙头企业的知识引领作用不强，自身战略格局具有局限性，或自身管理能力欠缺，或在产业中缺乏话语权和影响力。三是龙头企业的资本策动能力不强，在产业链投资孵化、供应链金融、产业并购等资本运作方面能力欠缺。

6. 产业配套、外围服务业薄弱

产业园要发展产业集群，注重核心产业本身。与此同时，还要关注金融、研发、营销、广告，甚至娱乐、生活等外围服务业的发展。重硬件建设、轻软实力打造是很多产业园区的通病。产业园区普遍过于重视基础设施，而忽略服务、品牌等软实力的建设。园区除了针对不同客户的生产和生活需求提供基础设施，还应满足客户对休闲娱乐、健康的追求，这样做还能给企业带来较高价值的金融、税收、人才服务等。

7. 重销售轻运营

产业园占地面积大，投入开发的土地成本及园区运营等成本都较高。其做法大多数是分期开发，但若遇到开发商资金流紧张，也可能造成"烂尾楼"现象。同时，产业园运营是一笔长期生意，不同于住宅的高周转，园区长期维护的物业和人力成本也是支出大头。由于庞大的资金流压力，许多开发商将重点放在了物业载体的销售上，而轻视了后期的运营，未能提供与之相匹配的服务。因此，只有运营成功的园区，园区资产才是有价值的，园区的销售和出租才能水到渠成。

8. 产业投资、资本运营不足

产业投资不是模式，只是园区运营商为了推动产业发展打造的产业运营体系中的一环。结合资本招商和内部投资，辅以完善的产业运营服务，推动园区内的产业发展，带动被投企业发展壮大，将这类中小企业在发展过程中因产业服务缺失最终导致失败的可能性降到最低。

从目前园区发展态势来看，由于基础建设投资回收周期较长，加之园区自身的造血功能尚不健全，建设资金不足且没有有效的融资渠道和方式，导致园区的总体开发、配套建设速度缓慢。尤其是在完全传统手段运营模式下，资金问题往往使得管理者在产业园区的运营管理中有心无力。

9. 园区数字化、智能化建设滞后

近年来，国内各地智慧园区建设如火如荼，经过初期的爆发式增长，目前智慧园区建设已进入认识深化和理性实践阶段，仍存在以下问题：

一是企业数字化能力与价值有待进一步加强。目前，大部分企业，尤其是各地中小企业对于"上云用数赋智"的意义仍理解不足，同时未能充分实现降本增效。

二是园区在招商运营方面未能充分借助数据的力量。园区的数字化主要在于资产管理层面，但在规划招商运营环节未能有效利用数字化工具。

三是工业互联网底层架构仍不完善。目前，工业互联网底层架构仍有待完善，数据共享、万物互联、智能决策等仍未在制造业园区中得到合理应用。

四是融合应用区域治理服务水平有待提升。尤其是对于政府型园区而言，服务功能呈现多元化趋势，跨部门、跨行业、跨领域的数据应用催生创新应用，但服务水平尚未跟上。

二、产业载体与园区建设的破局之道

从国内外产业园区发展成功案例来看，产业园区能够更加有效地创造聚集力，通过共享资源、克服外部负效应，带动关联产业的发展，从而有效地推动产业集群的形成。同时，园区也是降低交易成本、改善营商环境的有效方法，能提高土地集约化利用水平，有效盘活闲置土地和低效用地。为破解目前产业园区普遍存在的招商困境，结合松山湖规划、建设、招商、运营的经验，从松山湖园区建设看产业载体发展的未来，我们认为可以从以下几个方面发力：

1. 做好产业规划，狭路超车

产业融合发展是园区产业结构升级的必然趋势，产业结构高端化是破解当前园区发展困局的"利剑"。园区建设一定要找准产业定位，做好产业规划，加强区域研究、产业分析，评估区域经济基础产业资源和科技实力，考量产业拓展能力、招商引资能力和产业服务能力，形成资本、技术、人才的集聚。面对同质化竞争，园区必须本着求真务实的态度做好产业规划工作。

作为东莞转型升级的新引擎，松山湖在 20 多年的发展历程中，围绕新一代信息技术产业、生物产业、新材料产业、机器人与智能装备产业以及现代服务业构建多元发展、多级支撑的现代产业体系。经过政府的指导以及一系列的市场调研论证，松山湖重点打造了现代服务业生态产业带（松湖北部 D 区）、电子信息产业园（台科园）、生物技术主题产业园（三角地、东阳光片区）、总部经济园（南湖片区）、金融服务园（金多港片区）、中以国际科技合作产业园六大主题产业园区。对于松山湖而言，产业载体是由政府、园区开发商、企业构成的复杂系统，那么在产业规划层面，地方政府、产业园区和龙头企业是如何突破产业创新与企业转型升级的瓶颈呢？

我们认为，解决产业创新问题的可行模式和路径有：促进产业转移、形成产业集群、促进产业跨界融合发展、促进产业裂变式发展、促进产业互联网发展、促进产业智能化发展、促进产业金融创新、促进产业资本运营创新、打造产业创新生态圈等。

（1）促进产业转移。

产业转移对承接地区经济发展具有重要推动作用，是产业创新的重要路径之一。通过承接产业转移实现产业创新，可以利用现成的产业资源，迅速完成产业升级，实现跨越性的产业进步。在产业转移中进行产业创新应当是一次难得的双重机遇，即历史机遇的补救和新机遇的开启。应当毫不犹豫地抓住这种双重机遇，积极推进产业创新，加快结构升级，迅速实现产业规模扩张。

（2）形成产业集群。

产业集群是有效的产业创新战略，是提高经济竞争力的有效途径。集群式产业创新是以集群的组织方式，运用集群组织优势，以专业化分工和协作为基础的同一产业或相关产业的企业，通过地理位置上的集中或靠近，产生创新聚集，从而获得创新优势的一种创新组织形式。产业集群对区域产业创新、区域经济发展具有非常重要的实际意义。产业集群超越了一般产业范围，形成特定地理范围内多个产业相互融合、众多类型机构相互联结的共生体，构成这一区域特色的竞争优势。

（3）促进产业跨界融合发展。

产业融合是产业创新和产业发展的一个新的具有生命力和创新力的发展方式，能有效地提高产业竞争力，形成新业态。产业融合从产业创造价值层面、产业具有的生产能力层面来影响产业规模，提高产业占领市场和扩张的能力，从而增强产业的增长力，提高产业的经济效益。产业融合是社会生产力进步和产业结构高度化的必然趋势，是促进新业态发展的主要动力。产业融合意味着传统产业边界模糊化和经济服务化的趋势，以及产业间新型竞争协同关系的建立和更大的复合经济效应。产业融合为经济发展带来了新的活力和动力，也带来了新的机会及潜在的可能性空间扩展，产业融合对产业创新和产业发展将产生巨大影响和重要作用。

（4）促进产业裂变式发展。

产业裂变式创新是一种类似于细胞分裂或原子裂变的新业态、新模式、新企业或新产业的培育方式。这种分化裂变式企业创新或企业转型升级，有利于某个企业或产业关键价值链专业化独立发展，而不受制于原有企业的局限，有利于聚合更多的市场资源做大做强。产业分化裂变的模式和路径有纵向价值链分化裂变的创新模式和横向价值链分化裂变的创新模式。

（5）促进产业互联网发展。

产业互联网即"传统产业+互联网"或"互联网+传统产业"，利用产业互联网可以帮助政府和园区实现扦插式产业创新或产业转型升级发展，也可以帮助龙头企业和上市公司实现分化裂变式企业创新或企业转型升级发展，是政府、园区、骨干企业、上市公司等实现产业级或企业级的创新发展、转型升级、新旧动能转换等的重要模式、工具、途径和手段，具有重要的经济价值、社会价值和实践价值。

（6）促进产业智能化发展。

产业智能化即"传统产业+人工智能"和"传统企业+人工智能"，是以人工智能芯片（GPU、FPGA、ASIC 等）与传感器、计算机视觉（图像识别、人脸识别等）、自然语言处理（语音识别、语义识别、自动翻译等）、深度学习（CNN、RNN 等）、知识表示与自动推理（规划、决策等）、大数据、云计算等技术应用于传统产业或传统企业，通过知识创新、技术创新、产品创新、市场创新、模式创新、平台创新、生态创新等实现产业智能化和企业智能化的过程。

（7）促进产业金融创新。

产业金融即"产业+金融""产业+资本"，产业金融是产业与金融的相互融合，互动发展，共创价值。产融结合，产业为本，金融为用，产融一体化系统发展。在未来经济的发展中，产业金融化、金融产业化将成为新的潮流，推动产业和金融的良性发展。金融是经济的"心脏"，为产业发展提供"血液"，创造极其重要的经济价值。产业金融就是产业与金融的紧密融合，本质上是产业资本运营活动，促进产业与金融在融合中加快产业的发展和资本稳健快速增值。

（8）促进产业知本运营创新。

产业知本即"产业+知本""产业+智库""产业+数据""产业+人才""产业+研究院"等。在知识经济时代，产业创新、变革与转型升级的战略重心将由产业转移、产业集群、产业互联网、产业智能化、产业资本等向"产业知本运营"进行转移，知本运营活动将策动并引领某个产业或企业不断创新变革和转型升级。

（9）打造产业创新生态圈。

产业创新生态圈是指某种或某些产业在某个或某些区域范围内业已形成（或按规划将要形成）的以某种或某个主导产业为核心的具有较强市场竞争力和产业可持续发展特征的区域产业创新纵向维度、横向维度、成长维度等多维网络体系，体现了一种新的产业创新发展模式和一种新的产业创新系统性布局形式。

2. 聚焦科技创新，实现产业高质量发展

产业载体作为松山湖经济发展的重要组成部分，是松山湖推动经济发展、产业集聚、科技创新不可或缺的力量。

为更好地规划松山湖产业发展方向和空间布局，引导各产业载体间的共同合作，建设特色产业基地或主题产业园，打造产业园区新经济，松山湖科学城依托区域科学装置、科研平台、人才资源等创新资源高度集聚优势，围绕"科技创新+先进制造"，加快培育新兴产业，推动龙头企业加速崛起、科技企业苗壮成长、创新要素加速流动。

为推动科技创新先行，松山湖进行了大量以科技创新为核心的新基础设施建设。例如，围绕电子信息产业，2019年10月，松山湖携手华为联合15家华为生态合作伙伴推出松山湖产业云项目；围绕机器人产业，松山湖建立了从国际机器人研究院和广东省智能机器人研究院，到检测机构东莞市质检中心的省级智能制造装备检验站、运动控制精密测量实验室，再到博实睿德信机器人产业基金，形成了完整的公共支撑平台。

3. 扎实做好产业招商

产业园须积极培育主导产业发展增长极，聚集产业，汇聚优秀企业，坚定不移地坚持产业集聚发展路径，坚定不移地坚持招商引资引智。集产业聚焦、企业聚集、资本支持、人才保障、创业驱动、创新策源、政策扶持、技术平台等各种创新要素于一体，实现产业集群高质量发展。

松山湖从管委会到民间招商运营的过程中，建立了一套较为成熟完整的体系化运作方式。在松山湖管委会成立之初，其聚集了来自北京大学、清华大学、中国人民大学等顶尖名校的优秀毕业生。高素质的人才不仅能够做好产业和政策研究，也能够在后续的企业服务中深刻理解科技企业的需求，还能够利用广泛的校友圈实现精准招商。除了高素质的政府招商队伍，松山湖的市场招商运营机构也体现了较强的专业水准。以扎根松山湖十多年的赢城产业为例，其秉持着"产业运营赋能地产价值"的思维创新地构建了"产网融城人的一体化运营服务体系"。赢城产业在扎根松山湖期间，逐步理顺从规划策划落地到智慧招商运营再到资本化运作的服务链条，并形成理论化、体系化的招商运营，致力于打造"赢城智库和赢城智谷、赢城数谷、赢城医谷、赢城艺谷"四大中国产业园区 IP 及新型城镇招商运营领军品牌。

4. 一站式服务，构建产业生态

运营管理是园区的核心和灵魂，贯穿园区发展的全生命周期。产业园区的运营应该始终围绕为产业提供更好的服务这一核心要素，从企业的角度去思考企业的需求、员工的需求，从项目运作的整体视角去运营，注重产业发展和生活服务，以运营服务的升级来破解当前园区招商难的问题。同时，运营管理的"智能化"和"绿色化"是时代发展的需求，通过运营管理的融合化来真正打造"智"生产、"智"生活的"绿色"园区，从而实现产城融合。

松山湖产业园区在发展过程中，专业化、特色化、综合化运营都是非常重要的内涵。以松山湖元昇数谷项目为例，该项目建立了"赢城·智能工业集群创新中心"产业运营平台，作为产业集约化发展和资源聚集的区域性关键承载体，积极发挥开放共享、能力协同作用，联合国内外各大工业互联网与智能制造平台，赋能产业集群数智化，推动园区与外部"政、产、学、研、用、金、服、城"的联通，建立更广泛密切的合作关系，促进产业、技术、人才、资金、数据等网络化虚拟化聚集，打造协同有机健康的智能工业集群生态，真正服务于工业互联网和智能制造企业。

5. 融入城市运营思维，构建产业园自身 IP

随着城市发展半径的不断扩容与人们对办公与生活需求的提高，传统的产业园区逐渐被时代淘汰，新兴的产业园区则被赋予了新的使命，即融合产业与城市的发展，既要让园区融入城市生活，又要让园区成为城市生态的一部分。在如今产业园发展新时代下，无论产业园如何多元化发展，园区内企业的满意度和园区品牌美誉度的提升，都是需要关注的。回归本质，做好平台和服务，显得更为重要。打造符合产业需求的产品以及定制化的服务和科学的运营模式，构建产业园自身 IP，是各产业运营服务机构需要关注的重要指标。

松山湖在发展过程中，逐步形成了自身的核心 IP：一是"松山湖"三个字本身就带有的"生态、绿色"基因，"有风景的地方就有新经济"，形成了独特的"松山湖" IP；二是随着国家大科学装置的入驻，"松山湖"在科技方面也开始逐步形成了自身独特的经验；三是不可否认，许多人认知"松山湖"是从华为开始的，华为也是"松山湖"这个基因里最重要的部分。

我们来看看松山湖是如何利用华为打造 IP 的。首先，在空间形象层面，建立华为欧洲小镇，凭借其独特的视觉形象构建了华为乃至整个松山湖与众不同的气质。其次，依托华为建立了世界级的电子信息产业集群，真正依托龙头企业塑造了整个园区的基因。最后，结合华为的科技成果建立 5G 园区样板工程及创新孵化基地，该智慧园区项目将以科技为企业赋能，以绿色生态为人赋能，实现科技办公与生态景观的有机结合，以"万物感知、万物互联、万物智能"为核心，打造智慧生态圈。同时，借助 5G 契机实现"云+网+应用"的融合，建立基于 5G 的智能网络，整合云资源，汇聚行业应用，进一步强化对 5G 创新应用的支撑和整合，开展园区信息化、工业制造、行业应用等 5G 场景的创新。运用 5G 新一代信息通信技术，建设园区信息基础设施和公共服务体系，打造安全、便捷、节能、舒适的新型智慧园区，将极大地赋能入驻企业，助力招商运营，实现园区与产业发展、城市化管理的高度融合。

6. 构建园区产业互联网，推动园区产业集群建设

首先，依托产业大数据，绘制产业链图谱。以产业链图谱为基础，聚焦

当地优势产业、特色产业、未来产业；以大数据为基础延伸产业链，形成对产业集群与本地产业链的全面认知。在产业集群建设中，依托大数据不断对"产业链、供应链、价值链、创新链"体系进行完善，不断动态评估、迭代、升级。

其次，通过"链主型"企业，建立产业互联网平台。在产业链图谱的基础上，依托"链主型"企业和当地产业集群建设产业互联网平台，通过平台赋能产业链上的中小企业，从产业交易、产业金融、信息咨询、检验检测、物流与供应链、专业服务等方面进行全方位赋能。以"线上+线下"融合为核心，将线下与线上进行充分融合与提升，从产业金融、企业服务等各个层次服务园区及片区的运营（见图4-18）。

最后，推动上云用数赋智。以数字技术为支撑推动大数据、云计算、超算、物联网、边缘计算、人工智能等新技术在产业链体系中的运用。例如，在松山湖的元昇数谷项目中，产业运营方赢城通过重点孵化和引进工业互联网平台、工业云平台、工业App、5G网络与应用、互联网安全、工业大数据、人工智能与机器视觉等前沿产业，并提供智能供应链与物流服务、典型行业工业互联网与场景服务等。目前，该项目已经成为大湾区一流的工业互联网产业园和工业软件示范基地，入选中国信息通信研究院《2021年工业互联网园区解决方案案例》。

7. "抱团"发展，打造楼宇新经济

此前，由于园区无序招商，导致某一地域内的园区恶性竞争现象非常普遍，不但不能真正形成产业集群，还拉低了整个区域的品质。

松山湖在发展之初，就十分注重产业园区、产业载体的差异化与协调发展。各个园区载体之间也纷纷建立各种各样的联盟，实现"抱团"发展。

例如，由中集智谷产业园筹备，携手光大We谷、万汇云谷、中以国际科技合作产业园、天安云谷、中天国际金融创新园等多家产业园共同发起成立的松山湖产业园区发展促进会（以下简称"松山湖产促会"）。它是一个可为园

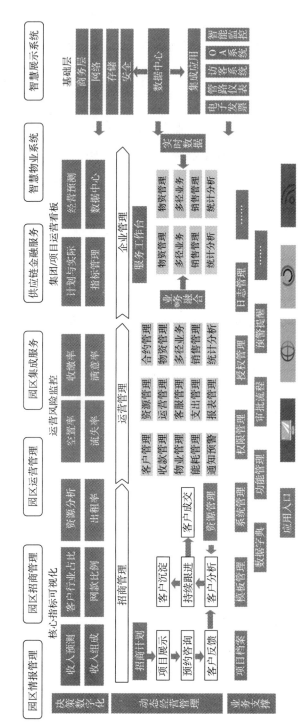

图 4-18 赢城园区产业互联网初步架构

资料来源：笔者绘制。

区建设运营、企业发展赋能提供服务的非营利性的社团组织，将充分调动和利用松山湖丰富的产业园区资源，促进产业链、创新链、人才链的深度融合，优化营商环境，为维护科研载体招商运营市场秩序提供有力支撑。对松山湖产促会而言，将秉承"服务会员，献智政府，赋能行业"的理念，致力于引导产业平台共建共享、搭建地区政企研学桥梁、深度服务地区产业生态、促进产业圈层无障交流。此外，松山湖产促会将定期组织行业交流、考察项目等多元化圈层活动，研究国内外产业园区运营先进模式，推动资源优化整合，多方合作共赢，赋能行业发展。

此外，以赢城联合卓越商企、基准方中、飞企互联、中渤经济、中建、亚太欧联、凡拓数创、查策网、精工智能、中房商学、中伦律所等众多园区专业服务生态伙伴发起的"园宇宙产业联盟"，涵盖国内高端智库、规划设计、开发建设、数字科技、招商运营、企业服务、商业管理、产业投资等园区发展领域一流专业机构和顶尖人才，将凝聚专业的力量，推进产业园区服务生态内合纵连横、互补互助，通过联盟平台实现众创共赢共享，共同为园区产业赋能。该联盟定位为产业园区智能"创配融赋"系统服务商，在建立全国统一大市场背景下，以园区为载体，以产业为纽带，以共创共生共享为宗旨，以共同富裕为目标，充分发挥"土地、产业、金融"资源，以"服务创新、要素配置、资源融通和多元赋能"四大模式，创新打造园区产业新社群，构建园区产业新生态，提供园区产业新服务，发展园区产业新经济，致力打造园区产业生态协同运营服务体系，有效促进行业间、区域间服务要素与其他要素的整合利用，助推园区"人才链、产业链、创新链、资金链、"融合发展。

第五章　目标与未来：谋划具有全球影响力的松山湖科学城

　　松山湖科学城于 2020 年 7 月被纳入粤港澳大湾区综合性国家科学中心先行启动区，成为承载国家科技创新战略实施的重要平台。按照《松山湖科学城发展总体规划（2021—2035 年）》的要求，松山湖科学城要以打造具有全球影响力的科学城为总目标，构建基础科研体系，推动核心技术研发，深化体制机制创新，加强区域开放合作，提升城市综合服务。那么，松山湖该如何承接这样的重大使命？又该如何真正体现全球影响力呢？

　　我们希望通过对松山湖科学城总体规划，松山湖与周边九镇、东莞乃至大湾区的产业集群在发展中的定位与作用，产业载体建设和存量载体运营提升，产学研机构的创新发展，企业孵化与培育等内容的剖析，以及结合目前松山湖在发展过程中遇到的问题，并借鉴国内外众多顶尖科学城的发展经验，探索松山湖如何真正成为具有全球影响力的科学城。

第一节　松山湖科学城的新使命

一、新时代，新定位

2020 年 10 月，东莞出台《关于加快推进大湾区综合性国家科学中心先行启动区（松山湖科学城）建设的若干意见》，明确提出要围绕重大原始创新策源地、中试验证和成果转化基地、粤港澳合作创新共同体、体制机制创新综合试验区四个定位，聚焦新材料、信息、生命领域，建设具有全球影响力的原始创新高地。

1. 原始创新策源地

一流的装置产出一流的成果。随着科学研究向深水区挺进，特别是基础研究领域的拓展，一系列重大原始创新问题，都在呼唤更加先进的研究手段。而大科学装置的建设、聚集，对综合性国家科学中心建设具有基础性、全局性影响。

立足东莞创新特色，围绕国家战略目标和粤港澳大湾区重大需求，加快推进中国散裂中子源二期、南方先进光源、先进阿秒激光设施等全球领先的大科学装置建设，形成世界顶尖的大科学装置群。加快布局一流大学、科研机构和前沿基础研究平台，深化学科交叉研究，聚焦新材料、信息、生命领域，加快提升原始创新能力，引领全球科学发展方向，抢占发展制高点和国际话语权，打造高端资源的集聚高地和以材料科学为引领的全球原始创新策源地，成为代表我国参与全球科技竞争与合作的主战场。

纵观国内外的科学中心，也都是以大科学装置作为牵头和引领，东莞现在也具备了这样的条件。大科学装置并不是孤立的"奇观"，而是一整套从研究手段到运行队伍，再到用户群体、产业衍生的长链条。松山湖将加快形成以大科学装置为基础，高水平院校、科研机构和实验室体系集体发力的源头创新矩阵，真正打造具有全球影响力的原始创新策源地。

2. 新兴产业发源地

松山湖科学城将围绕面向未来的新一代信息技术、集成电路、高端装备制造、新材料、新能源、人工智能和生物医药七大产业，依托重大科技基础设施和前沿基础研究平台，建设一批新型协同创新平台、产业创新联盟，开展核心技术集中攻关。

同时，松山湖科学城立足填补国内技术空白，突出5G通信、集成电路芯片设计和先进封测、新一代半导体材料和器件、生物工程、高性能高通量材料制备等重点，鼓励大科学装置、科研院所的用户企业、合作企业在东莞设立研发中心、项目公司，争取培育出一批科技初创型企业、未来型企业，引进一批引领未来行业发展的头部企业、"高精尖缺"创新型企业。

在松山湖科学城，更多的原创性创新成果，正通过完整的创新链条实现落地转化，纸面上的论文变为了流水线上的产品，带来最大化的效益，也改写着东莞的增长逻辑。

3. 创新人才集聚地

20世纪，人们用"孔雀东南飞"来形容全国各地人才南下广东的盛况。如今，在松山湖科学城，人才会聚的模式已经从点对点引进向集群化引进转变，整建制、成规模引进创新人才和创新团队，已经成为一种常态。

依托松山湖科学城区位交通优势，着力强化其与光明科学城同城化、周边镇街一体化发展，推进其与深港科技创新合作区、南沙科学城协同联动，定期举办创新峰会论坛，促进创新链和产业链深度融合，构建创新驱动引领高地和粤港澳大湾区国际科技创新中心的协同创新枢纽，成为联结街镇、光明科学城、粤港澳大湾区创新网络的关键节点。

在松山湖国际创新创业社区，材料实验室的数百位科学家成为社区内最活跃的群体。自揭牌以来，松山湖材料实验室已经拥有理事长王恩哥院士、实验室学术委员会主任赵忠贤院士、实验室主任汪卫华院士在内的共 10 位院士，为实验室建设提供了一流的智力支撑。

松山湖科学城一方面要围绕产业链创新链布局人才链，构建"科技+金融+人才"的创业新生态；另一方面要实施更加开放的人才政策，在海外高精尖人才引进方面实现更大制度突破，引进更多全球顶尖科研人才、创新团队，构建国际化科研人才交流平台。

以更具吸引力的人才政策，更包容开放的人才环境，吸引更尖端的创新人才，产出更一流的研究成果。通过借智借脑，松山湖科学城将逐步成为具有全球影响力的创新人才集聚地。

4. 科学人文宜居地

松山湖科学城将进一步融入粤港澳大湾区交通生活圈，积极争取国家、广东省在科学城布局轨道交通资源和设立站点，全力实现与大湾区轨道网络联通，加快与深圳光明科学城的通道建设，强化科学城与滨海湾新区的快速联系，主动融入大湾区"一小时"生活圈。未来，松山湖科学城内外交通将更加便捷。

此外，科学城还将建设智慧城市标杆区域，以打造未来范式的科学家园为目标，加快全域感知、万物互联的智能化基础设施体系建设，积极推广智慧社区、智慧政务、智慧交通、智慧生活等智能化应用，优先在松山湖中心区、中央创新区建设示范区域。

良好的文化体验是提升居民幸福感、获得感的重要方面。松山湖科学城将加强文化建设，规划建设一批国际化创新型的文化设施，建成大湾区知名文化消费区和文化艺术聚集区，打造文化建设新中心和新高地。建设一批高品质的集演艺、展览、休闲等多功能于一体的文化艺术综合体，全面提升松山湖的文化软实力。

发挥敢为人先的体制机制创新精神，借鉴深圳先行示范区综合改革试点授权事项，与深圳光明科学城共建大湾区综合性国家科学中心先行启动区，打造未来城市的示范和大湾区综合性国家科学中心的先行示范区，为大湾区内其他科学城规划建设提供先行示范。

《关于加快推进大湾区综合性国家科学中心先行启动区（松山湖科学城）建设的若干意见》的出台，意味着东莞将进一步举全市之力，为大湾区综合性国家科学中心先行启动区（松山湖科学城）建设按下"快进键"。

二、新变化，新目标

站在新的历史交汇点上，全面加快建设大湾区综合性国家科学中心先行启动区（松山湖科学城）具有极其重要的意义。既为"湾区都市、品质东莞"建设做出更大贡献，也为推动大湾区高质量发展提供创新引擎和发展动力。

新变化促使科学城有新使命，以下是松山湖科学城发展的战略目标使命：

1. 近期目标（2021~2022 年）

到 2022 年，全面完成粤港澳大湾区综合性国家科学中心先行启动区规划布局，在信息、生命、新材料领域，开工一批重大创新平台建设项目和标志性核心技术攻关及产业化项目，启动一批重大科技基础设施预研和建设项目，集聚一批国家战略科技力量和世界一流大学、科研院所，建成一批全球先进水平的中试验证和成果转化基地，培育一批具有全球影响力的企业研发机构、新型研发机构，突破一批制约创新的体制机制障碍，迅速形成集中度和显示度。

2. 中期目标（2023~2025 年）

到 2025 年，在信息、生命、新材料领域，建成一批全球领先、开放共享的重大科技基础设施、前沿科学交叉研究平台、工程化和检验检测平台，成长出若干世界一流大学和科研机构，形成高效灵活的创新体制机制，实现一批关键核心技术的群体性突破，产出一批具有广泛国际影响力的前沿引领技术、现代工程技术、颠覆性技术创新成果，孵化培育出一批新产业、新业态、新模式，在信息、生命、新材料领域的战略必争方向形成独特优势，初步成为全球具有重要影响力的科学城。

3. 远期目标（2026~2035 年）

到 2035 年，松山湖科学城全面建成。科技实力、营商环境大幅跃升，关键核心技术实现重大突破，散裂中子源二期谱仪、南方先进光源建成运营，信息、生命、新材料领域科研能力达到世界先进水平，各类创新要素高效便捷流动，创新制度和政策环境进一步优化，激发人才创新活力，取得更为明显的实质性进展，科技成果转化能力显著增强，产业链、创新链、供应链深度融合协同升级，公共服务优质高效，生产生活方式更加绿色低碳，国际科研交往合作成效显著，对周边地区的引领带动能力明显增强。

4. 未来展望（2036~2050 年）

展望 2050 年，松山湖科学城影响力卓著。跻身全球著名的科学基础设施集群，牵头组织国际大科学计划和工程，涌现出一批重大原创性科学成果和国际顶尖水平的科学大师，全球领先的技术体系和产业体系基本建成，产业更具国际影响力和竞争力，科技创新体制机制成熟定型，成为全球高新制造科技前沿阵地，为粤港澳大湾区综合性国家科学中心建成具有全球影响力的科学中心贡献东莞力量，为我国建成世界科技创新强国贡献湾区智慧。

三、新规划，新未来

通过与专家、学者、科学家多次研讨，松山湖科学城确定了顶层规划架构，包括发展总体规划、科学功能规划和空间总体规划（见图 5-1）。

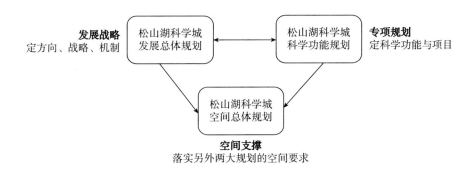

图 5-1 松山湖科学城顶层规划架构

资料来源：笔者绘制。

1. 发展总体规划

发展总体规划是松山湖科学城的顶层设计，主要确定战略目标、科技创新的主要方向等核心内容，明确以材料科学为引领，同步推进信息、制造、能源、生命等科学领域前沿技术突破。

《松山湖科学城发展总体规划（2021—2025 年）》作为统筹建设松山湖科学城，为科学城战略性新兴产业发展和相关配套设施制定发展方向、发展战略和发展机制的指导性文件，布局创新链和产业链，是松山湖科学城顶层设计的"鸟之两翼"。

在产业发展方面，总体规划显示项目将依托散裂中子源等大装置、大平台高端创新资源，重点突破材料、信息、生命等领域关键核心技术，聚焦新一代信息技术、集成电路、高端装备制造、新材料、新能源、人工智能和生物医药七大产业，打造湾区先进制造核心引擎。

2. 科学功能规划

科学功能规划由科学家主导编制，提出构建以散裂中子源为核心的重大科技基础设施群，并明确大科学装置和交叉研究平台的应用领域、性能和技术参数。

松山湖科学城在科学功能规划层面定位于以重大原始及技术创新、中试验证和成果转化高地为核心，对成果转化及产业化环节有所侧重。

在科学功能规划方面，东莞提出构建松山湖科学城的"四梁八柱"的实施框架。所谓"四梁"，即"源头创新—技术创新—成果转化—企业培育"创新全链条；所谓"八柱"，即"重大科技设施、重大科研平台、高水平研究型大学、新型研发机构、科技型龙头企业、高端创新人才、高品质城市配套、一流创新环境"8 个创新要素。围绕"四梁八柱"，东莞在创新链布局和支撑要素布局两方面谋划了 10 大重点建设内容，详细内容如图 5-2 所示。

3. 空间总体规划

空间总体规划是发展总体规划和科学功能规划的具体落实，主要确定科学城的空间结构、建设重点，并对综合交通、公共设施等支撑体系在空间予以落实。

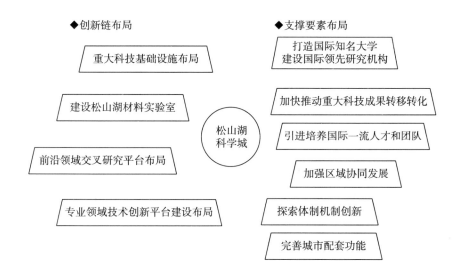

◆创新链布局

重大科技基础设施布局

建设松山湖材料实验室

前沿领域交叉研究平台布局

专业领域技术创新平台建设布局

松山湖科学城

◆支撑要素布局

打造国际知名大学
建设国际领先研究机构

加快推动重大科技成果转移转化

引进培养国际一流人才和团队

加强区域协同发展

探索体制机制创新

完善城市配套功能

图 5-2 松山湖科学城功能规划总体布局

资料来源：笔者根据东莞市发展和改革局资料整理。

在空间规划方面，科学城目前规划"北湖南山，一核四区"的城市空间布局。其中，"北湖南山"是指彰显北湖、南山的生态区位特色，保育山湖生态绿核，修复山湖生态联系，建立"双核、多廊"的生态安全格局。依托北湖南山的稀缺景观资源，重点在于依山环湖布局科技研发功能，营造一流的科研环境与氛围，外围邻近布局中试验证与成果转化功能。"一核四区"则是指以大装置集聚区为核，布局大学院所、新材料产业、新一代信息技术与生命科学产业、莞深科技成果合作四个分区，实现科教、科研、生活、生态有机融合。

大装置集聚核心区位于巍峨山北麓及背山面湖地带，依托中国散裂中子源，进一步集聚世界级重大科技基础设施、前沿科学交叉研究平台、一流大学、一流科研院所、头部科技企业研发中心，形成重大科技基础设施带动的重大原始创新策源地。其中，在巍峨山北麓规划建设用地 4.4 平方千米，保障散裂中子源二期及更多重大科技基础设施、香港城市大学（东莞）、松山湖材料实验室等重大项目落地。

大学院所集聚区位于松山湖北岸，在东莞理工学院、广东医科大学（东莞校区）、松山湖国际创新创业社区等既有大学院所基础上，进一步集聚世界一流大学或学院、新型研发机构、科技企业孵化器，加强产学研创空间融合，促进科技成果高效产业化。保障大湾区大学（松山湖校区）、东莞理工学院国际合作创新区等重大项目顺利落地。

新材料产业中试验证与成果转化区位于松山湖西南岸及科学城大岭山片区，利用相对充裕的土地资源，重点拓展新材料等松山湖科学城发展基础相对薄弱的战略性新兴产业，形成主题集聚的中试验证与成果转化片区。

新一代信息技术与生命科学产业中试验证与成果转化区位于松山湖东部，依托龙头科技企业，以新一代信息技术、生命科学与生物技术产业为主导，发展中试验证产业园区、科技企业孵化器与加速器、公共实验平台等中试验证与成果转化功能。同时，充分发挥黄江地处莞深边界，连接两大科学城的地缘优势，积极承接两地科学城创新成果落地转化，打造深莞科技成果合作转化区。

"北湖南山、一核四区"的空间布局，将为松山湖科学城打造全链条全要素创新生态系统提供坚实的空间保障。

值得一提的是，松山湖科学城在城市中心规划了北部产业服务中心、中部城市服务中心、南部科学服务中心。此外，松山湖科学城还优化住房、教育、医疗、交通、公园绿地等民生配套，到 2035 年，人均公园绿地 12 平方米，80%以上的市民出门 300 米就能进入公园绿地。

第二节　松山湖科学城的问题与挑战

在松山湖20余年飞跃发展的过程中，随着高端要素不断聚集、主导产业不断形成、创新集群不断涌现，松山湖也面临着一些问题。尤其是在面向"具有全球影响力的松山湖科学城"发展过程中，如何克服这些问题和挑战，实现"原始创新策源地、新兴产业发源地、创新人才集聚地、科学人文宜居地"的发展目标，将是未来非常重要与艰巨的任务。主要来看，松山湖目前面临着以下问题亟待解决：

一、城市规划建设不足

1. 前期规划预留受到制约

松山湖是个园区，全名为"松山湖高新技术开发产业区"。一直以来，松山湖都是按照产业园区的定位进行规划发展，而不是按照一个城市的标准去开发建设。后来，松山湖高新区成了"一园九镇"功能区的核心，但由于前期规划不足，后期受到规模、地段、位置等自然条件限制，加上用地性质原因，导致高端制造业企业、加速器企业等进不来，从而导致对深圳及周边城市的产业和企业吸引力不足。根据松山湖建设规划，截至2020年，松山湖高新区城镇建设用地44.7平方千米，目前，园区内的土地基本上都得到了充分利用，现有存量土地规划用于建设人才公寓。松山湖工业用地、人才配套不足的问题显而易见，难以吸引更多的高新企业、人才的流入，阻碍了园区经济持续快速发展。如何规划松山湖建设用地、加强开发周边建设用地，是松山湖融入大湾区建设中亟待解决的问题。

2. 城市功能配套有待提升

松山湖科学城在规划之初，更多的是重视产业发展，而忽视了城市配套。

松山湖开发早期，松山湖南部着重纯产业布局，中部是纯居住区与旅游区，缺乏完善的城市商业、高端服务业布局；而松山湖北部片区的华润万象汇、华侨城欢乐海岸等商业配套，及时填补南部片区商业配套不足等问题。其交通、医疗、教育、商业、生活等城市功能配套不足，不利于产业、人员集聚，导致产业发展较慢。

以交通为例，由于目前园区道路交叉口较多、微循环不畅等原因，目前有些园区尚未到发展高峰期就已出现比较严重的拥堵现象，很难想象当更多的企业和人员入驻后，交通环境会是怎样的状况。

以医疗为例，目前园区内只有少部分的企业有内部医疗设施可以解决员工的医疗问题，大部分的企业必须依靠外部医疗设施解决员工的医疗问题。园区内大型综合医院、社区卫生服务中心、社区卫生服务点等医疗卫生配套都十分缺乏，满足不了居民的医疗需求。同时园区医疗设施水平低，缺乏资质。在园区社区医疗服务中心内，医护人员较少。另外，社区医疗服务中心很多设备及资质不齐全，大部分检查和治疗则需要转院。

3. 产业项目定位脱离实际

在松山湖，部分产业载体开发商由实业企业和房地产商转型而来。其依托对自身行业的熟悉，开发项目往往以自身所处行业立项，开发的产品适合同行业企业需求，但不一定适合其他企业。从园区内部来看，尽管涌现出一批高成长性企业，具有自主知识产权的产品日益增多，也不断有高端产品打入国际市场，但大部分产品结构仍以中低端为主，技术含量和附加值不足，大量同质企业采用低成本战略生产同质产品，被竞争对手降维打击或跨界打击。有些园区没能实现差异化的产业园区内部布局，为了完成短期绩效目标，将引进产业与企业在园区内进行机械拼装，运营时忽视了产业分类的有机结合和行业间交叉协同发展。

4. 缺乏真正意义的城市中心区

目前，松山湖园区商圈分散，缺乏中心商业区。园区中部商圈应为城市中心商务区，代表园区高端商务发展，承担起全方位普及的作用。位于松山湖中心区的万科生活广场，总建筑面积只有3万平方米，体量小且缺乏规模，难以形成商圈。但好在以上问题已部分得到了解决，比如中部已有创新创业社区的佳纷天地，华润万象汇也于2022年9月底开业，而作为园区次商业中心，华侨城开发创意生活城定位为深圳欢乐海岸，将引领松山湖发展成为高品质生活的宜居、宜业、宜游的新城。

二、产业与科创方面存在短板

1. 尚未占领全球产业链高端

就全国来说，松山湖产业发展离发展目标仍存在一定差距；产业结构发展不均衡，基础性行业发展滞后于产业整体发展水平；产品附加值偏低，多数为贴牌生产；企业盈利能力偏低，自主品牌实力有待提升。部分关键领域"卡脖子"情况较为突出，以电子信息领域为例，新一代电子信息产业发展面临的主要问题是"缺芯少核"，即在高性能通用芯片、关键核心技术等方面受制于国外。

2. 人才储备存在一定短板

根据世界大学第三方指数研究结果分析，在全球四大湾区中，受高等教育以上人口占常驻人口的比例，从高到低分别是旧金山湾区（46%）、纽约湾区（42%）、东京湾区（36.7%）、粤港澳大湾区（17.47%）。可见，粤港澳大湾区高等教育占常住人口比例明显偏低。松山湖作为东莞的"三心"之一，在建设粤港澳大湾区国际科技创新中心的过程中，将面临人才数量和质量的挑战。目前，松山湖园区人才方面的问题，主要包括以下三个方面：

一是园区产业发展需要的人才，园区要把牢"双招双引"，瞄准"高精尖"项目，以平台引人才、以产业聚人才，不求所有但求所用，建立产、学、研、政府、金融联动机制，达到"进一个人、带来一个团队、培育一个产业"的效果。

二是园区运营需要的人才，目前很多主题园区运营团队都由实业企业、房地产或事业单位转型过来，负责规划、设计、建设、招商、管理和后续企业服务等全链条工作。人员市场化运营、专业化服务的知识能力相对储备不足、成长周期漫长，难以满足园区建设和发展的高速度高要求。

三是"用工难"问题已影响了产业园区企业的发展，也阻碍了松山湖管委会及各主题园区招商引资的步伐。由于招工难，达不到用工要求，导致部分企业不愿进驻园区。松山湖产业化规模不断扩大，但城市化与工业化良性互动不够，松山湖片区交通、通勤压力很大。松山湖与深圳及协同发展的周边九镇，甚至东莞其他镇街的地铁及公共交通设施未建设完善，导致深圳很多优秀高端企业和人才不愿来松山湖，这也就导致了松山湖与其他镇街未能形成分工明确的发展格局。但这是阶段性问题，随着交通便利性的加强，"用工难"问题很快就能得到解决。

总的来说，"人才强则事业强，人才兴则科技兴"，产业园区作为经济增长重要驱动源之一，松山湖正在构建产业园区人才发展基石，为园区产业转型升级提供人才支撑。

3. 产学研全联动机制仍未真正形成

目前，松山湖本地高校、科研院所和企业合作建立的研发实体有近 30 个，但大多数园区研发项目都来源于与香港、台湾等地创新创业青年的合作。如何提高产业、学院、研发机构资源整合率，是松山湖在科技创新方面面临的问题。融资渠道不畅、资金缺乏，是松山湖产学研合作过程中遇到的另一个问题。目前，松山湖高校科研资源不足，缺乏试验基地，而企业缺乏科技开发资金，尤其是园区内的中小型企业，这类企业本身资金积累不够，能够用于企业自身研究开发的资金不多，因而能够用于产学研合作的资金就更少。

4. 服务和政策落地慢，达不到企业预期需求

通过对部分园区企业的走访，发现松山湖部分园区在招商之初对企业所承诺的政策优惠和企业服务没有落实到位，或距离企业急需的服务相去甚远，导致企业产生极大的心理落差而迁址。无论哪种情形，都会对园区招商、二次招商造成困扰。松山湖建设初期或者成长中的产业园区以土地置换经济发展的模

式招商引资项目、吸引企业入驻园区，但在不远的将来，缺地也会逐渐成为园区工业用地的壁垒。如果已入驻企业在园区内无法获取产业相关的政策支持、资金支持、技术支持、人才支持以及配套的生活服务设施，园区与企业的黏合力会不足，很可能出现"人去楼空"等现象。

以孵化器政策为例，早期的时候，松山湖没有重视孵化器发展，孵化器政策不足，直到2014年才出台了松山湖第一个科技企业孵化器政策。松山湖是整个东莞地区科技创新、自主创新的发源地和主要载体，到2017年时松山湖才初步建立创新体系，但发展用地有限。松山湖产业准入门槛不断提高，下游产业支撑不足；研发设计载体有优势，但相对缺乏中试和制造实体产业载体支撑。

5. 关键要素缺乏，园区运营有心无力

目前松山湖能自我造血的园区很少，在大园区建设初期，由于基础建设投资回收周期较长，若没有有效的融资渠道和方式，建设资金难免后继无力，结果就是园区的总体开发、配套建设速度迟缓。尤其在完全行政手段的运营模式下，资金问题往往使得管理者在园区运营管理中捉襟见肘。在园区成熟期，为了提高政策服务效能，解决区内企业的经营困境，一般会多措并举来减少创新创业成本和降低孵化期企业入驻门槛，大力扶持和助力企业发展。因此，园区运营应正设立和已设立重大产业发展引导资金，用于引导和扶持重点产业项目建设、促进重点产业发展，同时对中小微企业的各类政策资金申请、金融信贷、创投基金提供全方位帮扶等。

三、区域带动方向有待明确

2014年，东莞市决定将松山湖高新区、东莞生态园合并，实行统筹发展。2017年，松山湖高新区（生态园）与石龙、寮步、大岭山、大朗、石排、茶山等周边六镇组成松山湖片区，作为试点率先拉开全市园区统筹组团发展帷幕。2019年，将横沥、东坑和企石三镇纳入，形成"一园九镇"的松山湖功能区。在东莞市政府出台的2019年改革总体规划中，在总体上对松山湖功能区提出了如下要求：进行全面统筹规划，通过松山湖高新区对周围的辐射牵动力和如今的龙头企业产业效益的有机结合，把其国际高端创新资源与大湾区的发展建设连接起来、结合起来，努力为粤港澳大湾区打造具有国际影响力的自主创新示范空间[13]。以松山湖科学城范围为核心，松山湖管委会正在加强"一园九镇"的探索实践。

第三节　建设具有全球影响力的松山湖科学城

依据国内外科学城发展经验，以及松山湖目前自身存在的一些短板，我们认为，松山湖要想实现具有全球影响力的原始创新策源地、新兴产业发源地、创新人才集聚地、科学人文宜居地，目前来看，还需要从全球级的城市服务、创新能力、产业发展三个方面进一步深耕细作。

一、全球级的城市服务

依据国内外科学城相关经验，城市服务需要从交通设施、产业设施、公共服务三个方面进行打造。

1. 网络化的交通设施

从交通设施来看，松山湖正在构建包括区域交通、城区交通、慢行交通于一体的综合化交通体系。

（1）高效快速的区域交通。

松山湖科学城位于科研实力雄厚的粤港澳大湾区，内部拥有众多大科学装置、研究机构和高等院校。既需要考虑与邻近的大朗、大岭山、寮步的联系，也需要考虑与深圳光明科学城和东莞中心城区的联动。

未来，在干线道路体系上，通过跨湖通道、快速路、高速路的打造，形成

"松山湖高新园—光明科学城—南山科技园"轴带以及"松山湖高新园—坂雪岗科技城—深港科技创新合作区"科创轴。

我们认为，松山湖科学城的建设不需要追求"大而全"，对外应争取引入城际轨道、东莞市内轨道等轨道交通，高效、便捷连接区域创新节点，促进资源共享，提高科学城的创新辐射能力，同时破解空间不足的瓶颈。未来，松山湖至深圳机场仅需15分钟，满足科学城人才出行需求。松山湖科学城枢纽引入深广中轴城际、中南虎城际和轨道5号线，支撑中央创新区发展；松山湖枢纽引入佛山经广州至东莞城际、深广中轴城际和轨道1号、3号快线，建议弹性设置过轨运营条件，辐射带动松山湖中心发展；金多港枢纽作为中南虎城际、深莞增城际换乘站，引入轨道3号快线，支撑松山湖南部金多港片区开发建设。

未来在粤港澳大湾区，以松山湖科学城为核心，结合"多中心、网络化"的空间结构，布局不同领域的重大科技基础设施，形成"大分散、小集聚"的设施集群，打造综合性国家科学中心的"大湾区模式"。

（2）便捷生态的城市交通。

2002年，中国城市规划设计研究编制的《松山湖科技产业园区总体规划》，以"建设生态城市"为理念，基本确立了松山湖产业园区"人车分离、顺应自然"的路网格局。多年以来，松山湖城市交通一直秉承着"因地制宜、生态便捷"的原则。

未来，松山湖将形成"三环"结构，逐层弱化通过性交通功能，优化内部交通环境。外环作为对外通道、货运通道、连续流道路，起到屏蔽大量过境交通流的作用；中环采用主路+辅路集散或集散性道路形式，作为高效集散的功能组织环；内环则强调绿色导向、公交服务，作为组织骨干公交体系，提升绿色交通服务的走廊。

在强化高快速路网出入口与片区内城市干道的衔接方面，松山湖片区将加快松水路、黄朗路、美景路升级改造工程等与高快路出入口连接道路建设，加强高速公路出入口改造，实现园区"15分钟上高快速"。

同时，园区还将完善次支路网建设，规划新建 43 条园内道路，并通过局部节点改造，提高交通拥堵治理水平。重点针对莞樟路与新城路交叉口、松佛路与畅园路交叉口、莞深高速大朗出入口等容易拥堵的节点提出改造计划。

（3）绿色休闲的慢行交通。

在完善慢行系统倡导绿色出行层面，松山湖片区完善慢行基础设施，推进步行和自行车交通基础设施建设，改造或建设慢行通道，营造舒适宜人出行环境。片区内新建及改扩建的城市主次干道应 100% 设置自行车道。自行车道原则上应尽可能避免与步行道共板设置。

此外，应完善绿道景观廊道建设，加快绿道连通，与公共交通及公交站点连接，完善绿道五大系统（绿廊系统、慢行系统、服务设施系统、标识系统、交通衔接系统），确保绿道安全高效利用。

巍峨山和松山湖是片区南部重要的生态资源，规划通过"环湖绿道+环山绿道+山水通廊"的体系，充分利用山水资源，提供特色化、品质化的慢行空间。

2. "高配版"的服务配套设施

根据《东莞市第七次全国人口普查公报》，近十年间，松山湖成为全市人口增长速度最快的区域，人口增长率约 220.69%；松山湖也是全市受教育程度最高、年轻人最多的地方；各类科创资源占有压倒性优势。

在新一个十年，大量的高端产业、人才，还将持续涌入松山湖。根据《松山湖科学城发展总体规划（2021—2035 年）》（以下简称《总体规划》），松山湖科学城以"一核四区"的总体规划，"三心两辅多社区"的城市中心体系，建设国际性的产业园区、高等院校，还有一批宜居的创新社区和产业社区。预计到 2035 年，松山湖科学城要初步建成具有全球影响力的重大原始创新策源地，就业人口、常住人口规模将达 55 万。显然，这个新的十年，松山湖的发展视野，将同步世界，全球的科创产业、高端人口，都将为松山湖而来。

建设宜居宜业宜创的现代化新城，始终是松山湖不断前进的方向。当前，松山湖正以打造人、科技与自然交织融合的新一代城市中心为目标，推进松山湖中心城区建设。

据了解，松山湖中心城区规划面积 5.4 平方千米①，依托松山湖站 TOD 与中心公园，建设高品质公共服务体系、综合性商业服务体系、高端国际社区和生活配套等内容。将引入新的理念、标准、制度、机制与空间场景、生活方式，将其打造为城野互联、三原共融的科学家园。松山湖中心城区将重点围绕"科技、文化、生活"三个要素，对标国际一流的水准建设城市级配套设施。

根据《总体规划》，松山湖中心城区将形成"一园五片"功能分区，包括中央公园、松湖 TOD、创研社区、文创沟谷、未来社区、创享湖滨等。整体上，这里将包含中心服务、公共文化、国际社区共三大核心功能，具体而言，它将强化中心区核心服务功能，精准配置商务办公、商务公寓、酒店等科技创新服务和商业服务功能，建设高品质的商务休闲区、国际街区；依托中心公园和滨湖片区增加公共艺术馆、文化馆等公共文化设施，提升文化艺术氛围；围绕社区商业、服务设施、社区公园等建设宜居社区，完善多层次人才房租住体系。

此外，中心城区建设过程中，还将以问题为导向，围绕交通痛点优化综合交通体系，并建设一个环湖的特色慢行系统。其中，中心区慢行体系与环湖慢行体系相互连通，围绕松山湖建立"环湖路—林—草—岛—沙—城"的独特慢行体验体系。

建设高品质城市配套既是提升城市品质的重要抓手，也是拉动高端人才集聚的必备条件。随着各大项目有序推进，一幅宜居宜业宜创的城市画卷正在松山湖这片热土上徐徐展开。未来，这里将以高品质城市配套环境，彰显出更为强劲的人才磁铁效应，为科技创新提供智慧动能。

同时，还将利用宝贵的增量空间，建设科学家公寓、人才房，打造科学家社区，快速集聚人才；建设科普公园、会议型酒店、综合商业等服务设施，提高科学城的服务水平和对外形象。

---

① 《松山湖科学城发展总体规划（2021—2035 年）》。

对犀牛陂、水平村、屏山村采用"整村统筹"推动城市更新，在社区内部混合布局研发、居住、公共服务、公园等用地，满足生产、生活和休闲需求，构建适宜步行的社区，打造高品质发展的示范。

3. 客厅化的公共交流空间

随着科技研发进入团队协作时代，无论是依赖大科学装置的国际大团队协作，还是细分领域的小团体颠覆式创新，团队合作均是科学工作的基本模式。在科学城中创造无处不在的交流空间，是保障科学家们能够更好工作的重要方式。目前国内外科学城无不重视对自身人文艺术、会议展览功能的提升打造。[14]

科学城为科学家打造的不是简单的"办公室+宿舍"的环境，而是有着良好家庭氛围、高雅人文艺术气息的有温度的社区。科学工作不只需要实验与运算，也需要审美直觉，通过艺术促进科学家创新已经不是新鲜的尝试。

例如，欧洲核子研究中心科学城自 2011 年起发起"碰撞在欧洲核子研究中心"（Collide@ CERN）计划，让国际艺术家成为国际科学"大咖"的"灵感激发伙伴"。来自世界各地的艺术家被邀请到科学城居住，并与粒子物理科学家们和工程师们一起工作。高规格的艺术设施和高水平的艺术表演极大满足了高知人群的需求，浓厚的艺术氛围成为他们到此安居的重要原因。

又例如，杭州城西科创大走廊提出要创造无处不在的交往客厅，落实"小街区、密路网"开发建设格局，重视多元化生活空间、交往空间、文化空间的整体营造；丰富创新创业交往，重点配置孵化用房、共享办公等"双创"空间设施，配套建设休闲广场、咖啡厅、共享餐厅等设施，努力打造数万创业者"梦开始的地方"。

科学城的核心在于"科学"，而品质则在于"城"。松山湖科学城由松山湖高新区和周边三个镇区组成，园镇割裂。特别是华为和散裂中子源周边，高品质的产业园和村镇工业园形成了鲜明对比，品质差异较大。未来，松山湖科学城的建设将由"集聚平台"转向"集聚人才"，让高水平科研人员"引得来、留得住"。

对于科学城来说，需要做好"城"，才有可能吸引并留住足够多的科学技术创意阶层（泛指包括科学家、工程师、艺术家、设计师和建筑师等宽泛领域的群体）。而创意阶层的聚集，才能促使"科学"产生"美第奇效应"（指以不同学科的交叉和不同领域的交流作为基础的面向未知的创新，以实现思想更加充分和广泛的融合，从而形成多学科、跨领域的交叉思维）。

但"美第奇效应"最终还是要依靠"雷尼尔效应"（该效应源自于美国西雅图华盛顿大学的体育馆修建风波，现在主要强调良好的工作环境和文化氛围对人才的吸引和保留作用）来实现。科学城建设的核心在于科学，而品质则在于"城"的功能配置，如何进一步完善配套设施、生态环境，让顶尖人才愿意来、留得下，是科学城建设时需要考虑的核心问题。

根据国内外先进科学城的建设经验，坚持"人城产"发展思路，形成"人才引领、公园建设、产业优化、产城融合"的路径，是打造吸引人才环境的破解之道。但大部分科学城综合性优越生态受制于本身的实力，需要利用便捷的交通节点或较好配套的园区基础，在高新区或高铁站附近打造小号的国际人才自由港或科创人才特区，通过点上突破带动面上改善，形成高端人才集聚的地方"小气候"。

松山湖科学城在巍峨山北、松山湖畔布局大装置集聚核心区，向南依托黄江北站 TOD 打造兼具高端住宅、时尚购物、休闲娱乐、创智服务等功能的居住区，建设海德实验学校、黄江中学、青少年活动中心、新图书馆、美术馆、大屏障森林公园、黄江人民公园等优质生活配套，推进"人在城中、城在园中、园在景中"的城市风尚，实现了科创人才对人本价值链、创新产业链、生活供应链"三链集成"价值追求，成功营造了"雷尼尔效应"。

人才是提升国家科技创新力的根本源泉。松山湖要肩负起广东省及国家赋予的重要使命，如何持续提升人才吸引力，成为长期摆在松山湖面前的必答题。对此，松山湖将高品质城市配套作为科学城建设"四梁八柱"中的重要一

"柱"，全面推进松山湖中心城区、粤港澳科技交流中心、松山湖科学公园、巍峨山科学家森林公园、悦榕庄酒店等一批项目规划建设，致力于打造具有全球影响力的科学人文宜居地，形成以人才杠杆撬动创新活力的崭新局面，推动松山湖科学城建设。

（1）建设国际化滨水科学公园。

自建园以来，别具一格的生态美景，始终是松山湖引才、留才的突出优势。在国家战略平台的加持下，松山湖科学城的人才吸引力和向心力进一步提升。同时，为优秀人才提供优质公共空间，也被作为重点任务提上日程。其中，松山湖科学公园的规划建设便是关键一步。

根据规划，松山湖科学公园将建于松山湖南侧的湖岸路与景华路附近，南依巍峨山、北面松山湖，处于环湖创新带与科学城创新中轴交会的核心位置。据介绍，项目总用地 98.25 公顷（约 1475 亩），将以打造国际化滨水科学公园为目标，建设成松山湖科学城"最为精彩之地"。

过去 20 多年，松山湖坚持生态优先的发展战略，擦亮了"科技共山水一色"的亮丽名片，成为大湾区独树一帜的绿色科技之城。如今，松山湖科学公园也将充分体现科技元素与自然景观深度融合的特色，围绕"自然+科学+艺术"的总定位，建成一座具有生态保育、科学展示、山林休闲、健康康养、滨水休闲等功能的城市综合公园，充分满足周边科研人员、会议访客、居民、学生、游客等人群的需求。

根据规划，松山湖科学公园将根据各片区的生态特征，建成运动微丘、松山原岭、莞文森林、峡谷塘链、湖岸水湾共五大主题分区。同时，采用完善、修复、营造三种方式，科学设计山湖、山塘、岛链、溪涧、茶田、榕台、竹舍、花池、鸟岛九重生境。

松山湖科学公园将继承松山湖优良的生态基底，以修复生态价值为导向，以重返自然、探索自然、科普自然为原则打造科学公园。在科学主题的呈现上，一方面，公园将充分利用鱼虾贝、两栖、鸟、昆虫等本地特色生物，打造科普教育场地；另一方面，将结合园区拥有的大装置、大平台等科技创新资源，通过科学转译的方式打造通俗易懂的科技互动平台，让人们在滨水游憩中也能体验科学的魅力。

松山湖的规划设计深度思考如何将生态、科学、生活深度融合，是一次难得的体验。为满足人才交流需求、提升科学家的归属感，松山湖科学公园还将提供多种科学交流场所，如沿登山道设置科学社群活动空间、小型交流空间、冥想空间和启发性散步径等。此外，各类科技手段的应用，也将使公园充满科技感。

（2）高品质打造南部滨湖片区。

展望未来，松山湖科学城将形成"北湖南山、一核四区"的空间总体布局，打造北部产业服务中心、中部城市服务中心及南部科技服务中心。

其中，南部将依托大装置、大平台和头部科技企业研发中心的集聚优势，形成科学城的核心创新区，是近期科学城土地整备和项目落地的重点区域，目前正呈一片热火朝天的建设之势。例如，中国散裂中子源经过团队的精心调试后，设备功率成功提升20%；松山湖材料实验室一期项目基本封顶；南方光源研究测试平台计划年底建成并投入使用；先进阿秒激光等重大科技设施加紧布局中……

为建设与之相互配适的城市配套，2017年以来，松山湖高品质打造南部滨湖片区，建成一批具有基础性、引领性的示范项目以及高标准、高质量的精品工程。2020年12月，滨湖万科里开业，如今，曾经荒凉的小山头变得充满了"人间烟火气"，孩子在游乐场里嬉戏，年轻人在咖啡厅里热烈交谈，各类餐饮商铺的食客络绎不绝……这样休闲自在的场景早已寻常可见。

此外，巍峨山科学家森林公园、悦榕庄酒店、粤港澳科技交流中心等项目即将亮相。当前，巍峨山科学家森林公园已启动建设，定位打造成松山湖科学城的生态景观门户。这里拥有8000余亩红花油茶林，是目前我国现存面积最大、历史最悠久的广宁红花油茶林，具有很高的观赏价值、经济价值和保护价值。公园建成后，将为广大市民和高层次科技人才提供优质的生态产品和服务，成为广东省森林公园建设的新亮点。

同时，悦榕庄酒店已完成奠基，粤港澳科技交流中心也正规划布局中。其中，前者作为全球精品品牌，落成后将成为广东首家、粤港澳大湾区第二家悦榕庄酒店，计划投资约 8.5 亿元，打造为具有影响力的城市会客厅；后者则坐落于湖心岛，将建成集会议中心、金融交流中心、音乐厅和湖畔酒店等为一体的智库型交流平台，打造成粤港澳大湾区科技文化交流的新地标。

二、全球级的科技引擎

因创新而生、依创新而兴、靠创新而强。20 多年来，松山湖从"再造一个东莞"的"先手棋"，到引领东莞高质量发展的"主引擎"，再到推动高水平科技自立自强的"国家队"，实现了数次飞跃。在粤港澳大湾区建设全面提速的重要时刻，松山湖又承担起新的使命。

新一轮科技革命和产业变革正在全球加速演进，如何抓住历史机遇成为松山湖实现高质量发展的关键。

1. 以大科学设施为核心构建科技硬空间

新一代科学城建设与以往科学城建设最大的不同，就是它们均属于"重装科学城"，不仅集聚了研究性大学和科研机构，而且把集聚建设大科学装置提到了前所未有的高度。一般来讲，各地科学城或者争取国家级大科学设施，如光源、中子、量子、射线、基因组等科研装置，或者结合自身优势产业自建重点实验室，如太湖实验室、姑苏实验室、紫金山实验室等。

随着全球科研攻关难度与复杂程度的提高，科学城"小作坊、师徒制"的传统科研组织模式，已经逐步被"大分工、强协同、专业化"的"大创新"的团队合作模式替代。

国外科学城的建设经验表明，整个科研团队不仅要有围绕着首席科学家的核心科研团队（包括研究员、研究生、博士后等），还要有科研项目管理、科研财务管理、工程技术支持、知识情报管理、专利产权服务、公共关系服务、技术转化与商业化等从事各式辅助工作的专业人员。

从中外经验看，大科学装置堪称一座科学城的核心竞争力，将极大提升其原始研发能力，并集聚大量科创人才和资金。对于松山湖来说，大科学装置不再是单纯地为科学做贡献，更是为当地产业注入一针"强心剂"，通过引入汇聚科技企业的科研设施，为城市产业发展提供长效动力。

总的来说，松山湖科学城要想聚焦应用基础研究激活科技创新"原"动力，取得一些突破性技术研究成果，自然离不开争取布局1~2个国家级科学设施。东莞国际中子科学城的建设本身就是依托大科学装置中国散裂中子源而提出的，中国散裂中子源作为"十一五"期间重点建设的我国十二大科学装置之首，是迄今为止单项投资规模最大的大科学工程，这项"国之重器"使得我国成为世界上第四个拥有脉冲型散裂中子源的国家。

松山湖独辟蹊径，结合大都市科学城科研外包需求、自身优势产业需求，构筑一批小而美、小而精的特色科学设施集群。例如，瞄准人工智能+大数据、云计算+边缘计算、5G+扩展现实、区块链+量子技术、云边端协同、数字孪生+数据中台等前沿领域，联合上级部门、本级园区和龙头企业，探索建立一批细分领域市场化的小科学装置、精品实验室，为大科学城重大设施提供配套服务，为本地企业提供科研服务。

基础研究是"创新大厦"的"地基"。2021年，松山湖科学城勇闯科技创新"无人区"，紧抓科技创新"牛鼻子"，坚持关键核心技术攻关，努力实现多个从"0"到"1"再到"N"的突破，有力彰显"科技创新+先进制造"的城市特色，填补了我国在相关领域的空白。

2022年4月15日，广东省科技创新大会上，被誉为"国之重器"的中国散裂中子源摘得2021年度广东省科技进步奖特等奖，这也是东莞时隔6年再次获此殊荣。散裂中子源是研究物质材料微观结构的理想探针，为人们认识世界打开了另一扇窗。首期建设中，散裂中子源已对用户开放通用粉末衍射仪、小角散射仪、多功能反射仪共三台谱仪。2021年10月，国内首台中子全散射多物理谱仪对外开放运行，通量超过英国散裂中子源同类型谱仪，分辨率达世界先进水平。2022年4月2日，大气中子辐照谱仪成功出束，标志着该谱仪设备研制与安装成功。

截至2022年4月，中国散裂中子源已在新型能源材料、航空材料、可燃冰、页岩、催化剂等领域取得一批重要成果，注册用户超过3400人，完成用户实验课题约700项。可以说，作为全球第四台、国内首台脉冲式散裂中子源，中国散裂中子源已经成为粤港澳大湾区国际科技创新中心建设的重要支撑，极大提升了我国在相关研究领域的竞争力与影响力。

事实上，创新成果萌发在松山湖科学城已呈星火燎原之势。作为广东省首批四家省实验室之一，松山湖材料实验室加快探索形成全链条创新模式，实验室前沿科学研究板块已经汇聚20个课题组，研究成果"基于材料基因工程研制出高温块体金属玻璃"入选"2019年度中国科学十大进展"；刘开辉研究员、王恩哥院士研究团队与合作者的成果——"实现尺寸最大、晶面指数最全单晶铜箔库的可控制备"，成功入选2020年中国重大技术进展。

"布局前沿科学研究，是为了让实验室一直走在源头创新的前沿阵地。"中国科学院院士、松山湖材料实验室理事长王恩哥说。实验室研究团队还围绕由嫦娥五号带回的0.85克月壤样本，开展系列月壤物性及综合利用的研究，将为我国下一步深空探测乃至载人登月及月球科研站建设提供技术验证。

随着大装置、大平台和高水平大学的落地建设，松山湖科学城原始创新策源动能不断增强，集中度和显示度加速显现。

2. 以核心技术招引为依托抢占未来制高点

近年来，随着纳米技术、半导体微电子技术的发展，行业领域对相关器件、材料尺寸有了更精细的要求。在松山湖国际创新创业社区内，东莞纳锋微电子装备有限公司凭借在原子层沉积技术领域积淀的多年经验，研发出技术领先的国产原子层沉积装备系统，成功填补了国内该领域技术空白。

目前，纳锋微电子原子层沉积装备系统已成功交付到湖南大学、南开大学、同济大学等高校，并与中山大学、中南大学、南京工业大学等知名高校达成合作。

立足国家科技战略赋予的职责使命，松山湖科学城鼓励科技攻关，专啃创新"硬骨头"，加速成为推动区域创新发展的核心引擎。日渐完善的科技政策体系，营造出生机勃勃的创新生态。

在松山湖材料实验室实用超导薄膜研究团队的实验室内，一组银白色装置占据了房间一角，三台激光器宛如手术台上的三支机械臂，将一个带有观测窗的球形操作台围在中间，绿色和紫色的光束不时闪烁。这个装置就是该团队研发成功的"三光束脉冲激光共沉积镀膜系统"。

这个由中国科学院院士、国家最高科学技术奖得主赵忠贤倡导建立并担任顾问的团队，通过技术集成创新，仅用一年多时间，就成功研制出基于国产部件的设备，并制备出 2 英寸双面钇钡铜氧（YBCO）超导单晶薄膜，打破了国外禁运和技术垄断。

北京冬奥会上，雪车作为速度最快且观赏性极高的项目之一，"圈粉"了不少观众。国家队在冬奥项目训练中所使用的头盔，正是"松山湖造"。该头盔由东莞理工学院科研团队参与研发，广东科恒科技有限公司协助提供技术解决方案。采用碳纤维外壳及 3D 打印技术制作的雪车头盔，重量仅约 1.1 千克，比国家队以往使用的头盔减少了 500 克，且防撞性能优异，可以更好地保护运动员。

截至 2022 年，松山湖科学城范围内，大装置、大平台先后建成并发挥"磁石效应"，聚集新型研发机构 30 家、高校 6 所，国家高新技术企业总数超过 500 家，形成多样化创新格局。

截至 2021 年，松山湖 R&D 投入强度高达 15.28%，超全国平均水平的 6 倍；规模以上工业企业研发机构覆盖率 56.93%；市级以上重点实验室和工程技术研究中心多达 217 个，研发机构数量和质量双双处于全市领先水平。

创新成果的产生离不开科研设备的支撑。为盘活设备资源，提高科研仪器设备使用效率，降低科研机构及企业研发成本，东莞在松山湖上线成立东莞市科研仪器设备共享平台，并出台一揽子配套政策。目前，平台汇聚 5300 余台（套）科研设备，为撬动推动产学研深度合作提供了新的支撑点。

3. 以创新服务为依托打造科技软实力

松山湖科学城建设逐步由谋篇布局的"大写意"走向精耕细作的"工笔画"，全链条全过程全要素的科技创新生态体系加速形成，创新能级持续提升。而科技成果转化，是实现创新效益从"1"到"N"倍增的重要一步。

全面启动建设以来，松山湖科学城全力打通科技成果转化"最后一公里"，拆除阻碍产业化的"篱笆墙"，疏通应用基础研究和产业化连接的快车道，依托全链条全过程全要素的科技创新生态体系，让科技成果落地生根、开花结果。

东莞市大为工业科技有限公司是一家集高端焊接设备研发、生产、销售、服务于一体的高新技术企业。依托在行业沉淀 11 年的核心资源和技术优势，大为工业自行研发、设计和生产了原子扩散焊设备，处于世界领先水平。

在智能制造领域，松山湖国际机器人产业基地是知名的创业公司摇篮，该基地已经成功孵化了 60 多个初创公司，累计产值超过 56 亿元。"这里的年轻人打造一个新的科技产品，迭代速度可能比硅谷、欧洲要快 10 倍，而成本却只需要 1/10。"松山湖国际机器人产业基地创始人、香港科技大学教授李泽湘如此评价道。

在科技成果转移转化过程中，架起一座"铁索桥"，实现从研发到产品应用的跨越，是构建全链条创新体系不可或缺的一环。

2021 年，松山湖出台《东莞松山湖促进科技成果转移转化实施办法》，面向园区各创新载体精准施策，大力支持引进优秀科技成果产业落地、建设共性技术平台和中试验证基地、开放前沿技术应用场景及建设技术转移服务体系等，致力于推动科技成果转化提质增效。

同时，松山湖还启动了总规模 10 亿元的天使投资基金，目前已完成对妙智科技、东莞大为工业、东莞链芯半导体、东莞小豚智能等 7 个项目共 3600 万元的股权投资，从而为企业发展壮大注入新鲜"血液"。

2021 年，松山湖天使投资基金计划年内新增投资项目 15~20 个，预计到年底基金累计投资总额超过 1 亿元。聚合人才、技术、资本、市场等要素，以产业应用为牵引，松山湖科学城着力完善全链条全过程全要素的科技创新生态体系，破解阻碍成果转化的瓶颈障碍，让创新创造的综合效益充分显现，为区域经济发展不断输出新动能。

如今，独特的创新环境已成为松山湖科学城引才留才的显著优势。大批一流装置、一流平台、一流企业等在这里蓬勃发展，形成百花齐放的引才主体格局，吸引了一批又一批海内外人才到此扎根成长。

随着多个重大创新平台持续取得快速进展，更多引智聚才的实招硬招持续酝酿推出，松山湖科学城全链条创新的引擎被全面点燃，这座"未来之城"的璀璨前景愈加清晰。

三、全球级的产业集群

要实现更高质量的发展离不开强大创新引擎的牵引。肩负这一新使命的松山湖科学城，抢抓国际一流湾区和世界级城市群建设机遇，主动承接国家战略科技任务，发挥高端创新要素集聚效应，加强核心技术攻关，积极抢占未来发展制高点。

1. 区域协同的产业发展空间

2019 年 5 月，松山湖及石龙、寮步、大岭山、大朗、横沥、东坑、企石、石排、茶山 9 镇组成松山湖功能区，成为优化市直管镇体制改革的试点，开启东莞园区统筹发展新一轮尝试。以统筹的方式实现资源的优化，进而发挥松山湖辐射带动作用和现有产业基础优势，对接和集聚粤港澳大湾区乃至全球高端创新资源，打造成为具有国际影响力的自主创新示范区。

截至 2020 年，松山湖功能区试点一年有余，松山湖的引领、9 镇的产业支撑，为东莞后续的园区统筹、市直管镇体制改革积累了一些经验。

东莞镇域经济全国知名，长安、虎门、厚街等镇街都是百强镇上的常客，如何让镇与镇打破边界走到一起，实现资源再优化？东莞努力了颇久，如 2012 年东莞市委同意虎门港（如今的东莞港）和沙田镇统筹发展，其间分分合合。东莞港管理委员会一度归属滨海湾新区管辖，2020 年再度归属沙田镇管理。

2017 年推出园区统筹组团发展思路，全市划分为六大片区及 14 个重点发展先行区，其中松山湖片区成为首个试点区域，要求在新一轮改革中发挥好示范带动作用。

2019 年，松山湖从片区变身为功能区，范围扩大到"一园九镇"，同时变身的还有水乡功能区。无疑松山湖功能区的示范作用更为明显，这里由东莞创新引擎松山湖引领，有周边 9 个产业基础较为完善，经济实力较为强的镇街作支撑，如此搭配让统筹的推进合力会更大一点，速度也更快一点。

这背后离不开的一个背景是大湾区的建设。空间资源限制是东莞必然要面对的问题，以统筹的方式解决是时间的问题。"三区"叠加机遇的来临，轨道交通打破空间距离，城市竞争更为激烈。天下武功唯快不破，松山湖需要周边的产业空间资源支撑，周边镇街需要松山湖的资源溢出还有品牌形象，镇街园区之间需要互相借力。压力之一，统筹动力更足，共同利益诉求下，统筹进度更快。

2019 年 5 月 6 日，东莞将 168 项市级权限下放松山湖功能区，以强化松山湖功能区统筹为主要路径的优化市直管镇体制改革大幕正式启动。2020 年 7 月 8 日松山湖功能区"1+9"统筹发展联席会议召开，提出实施十大提升统筹发展行动计划。

截至 2020 年，松山湖功能区总面积 590 平方千米，占东莞全市面积的 25% 左右。2019 年生产总值 2522.76 亿元，占全市的 26.6%。其中，进出口总值 4106 亿元，占全市的近 30%，税收总额 491 亿元，占全市的近 23%，功能区是东莞的经济重镇，也是科技重镇。

2. 统筹协调的产业项目引进

松山湖功能区不断强化松山湖对功能区的辐射、带动、引领示范作用，加强功能区协同创新产业体系建设，探索建立"统一规划、统一开发、统一招商"的发展新机制，以松山湖科学城等重大平台建设为切入点，积极谋划一批面向功能区的重大项目，牵引带动功能区实力整体提升。据统计，截至 2020 年，松山湖功能区全年协议投资总额达 770 亿元，各类重大项目建设如火如荼。①

目前签约的项目分布范围覆盖松山湖高新区及周边九镇，产业类型包括电子信息、云计算、机器人、新材料、文旅开发、健康医疗、食品等多个新经济、新产业领域，将有力促进松山湖功能区补链强链。

当前"园区带镇区，大镇带小镇"的效应还未完全凸显出来，重点在于园镇间功能协调和产业分工未完全理顺，如何让"共振"在功能区发生？目标一致，利益一致，行动一致，共振方会发生。

招商引资是走在最前沿，也是迫切需要执行的目标。2019 年，统筹功能区（"1+9"）共 216 个重大项目，具体为 119 个重大建设项目和 97 个重大预备项目的管理和服务。此外，2020 年 1~7 月，松山湖向功能区各镇推荐租赁项目 17 个，通过联动招商已成功牵线禾望生产基地、中微普业等项目落户功能区。

松山湖功能区统筹以来，就曾多次以功能区名义，统筹开展招商活动。2019 年，松山湖功能区已组团赴北京、上海、深圳、义乌、澳门等地开展经贸交流活动，组织参加了中国国际软件博览会、中国高新技术成果交易会、中国国际电子商务博览会等招商宣传活动，向功能区各镇推荐项目 35 个。

松山湖功能区正式推出上市公司总部基地，上市公司总部基地拟以"一园多区"的模式选址建设，整体规划规模约 1000 亩，重点引进上市企业或准上市企业，将根据企业性质安排不同区域用地，旨在打造高新技术上市公司总部集聚发展的新高地，以政策覆盖最全、上市服务最优的特区优势，深耕本土优质企业培育，吸引深圳及其他发达城市优质上市公司总部向园区转移，营造硬条件优越、软配套齐全的企业上市发展生态环境；力争打造成为整体市值上规模、

---

① 创新松山湖公众号。

综合实力上水平、产业质量上层次的上市公司总部集聚地。

推动功能区经济实力整体提升功能区统筹发展，松山湖高新区又将如何发挥其辐射作用，推动松山湖功能区在现有基础上加速推进呢？

大装置大科学平台资源共享，固然是"1+9"统筹发展中最重要的一部分，但除此之外，"1+9"统筹发展之下，无论是招商力度增强，还是教育质量提高，或是区域交通连接等，都预示着"1+9"城市品质将不断提升。特别是统筹公共服务和政务服务形成合力后，将招引更多好的项目、好的人才，使得"1+9"统筹发展按下"加速键"。

3. 资源共享的高端要素

前文我们讲了"1+9"统筹发展中向共建重大发展平台迈进，另外还向"共享"迈进，这里所说的"共享"，除了共享松山湖的"科技""创新"标签外，还指将松山湖的科技资源、高端服务资源主动辐射到周边镇街。

以松山湖港澳青年创新创业基地举例，其是粤港澳大湾区首批授牌的十大"粤港青年创新创业基地"之一。为了统筹园区资源并更好地服务粤港澳大湾区人才创新创业，基地确立了"一中心多站点"的发展模式。截至2021年，已有14个单位纳入基地分站点。基地与各站点将积极培育及吸纳潜力资源，通过品牌统一、政策覆盖、资源共享等方式形成发展合力。

此外，松山湖管委会与大朗镇举行松山湖科学城产业化基地签约会议，双方将合作推进松山湖科学城首个园镇合作试点项目。项目由松山湖管委会负责前期策划、指导设计，由屏山村投资建设。项目落地将有助于解决松山湖科学城近期在产业中试和成果转化方面的需求。在大岭山镇福林工业园内，松山湖材料实验室多孔陶瓷团队打造的产品中试车间就坐落其间。该团队的产品不断测试、成熟，向着实现产业转化快速推进。这是松山湖创新资源外溢为功能区发展带来的新机遇的典型案例。科技要素在松山湖功能区加速聚集。

值得一提的是，在破除科研设备共用共享规则局限层面，除了松山湖功能区，东莞市科研仪器设备共享平台系统梳理并统筹创新要素，汇集了中国散裂中子源、松山湖材料实验室、东莞市质量监督检测中心、东莞理工学院、广东医科大学以及众多新型研发机构和龙头企业等49家单位，系统梳理并统筹创新要素，依托实验室、工程研究中心、创新中心等平台，逐步开放各类重要科研设备和资源跨境使用限制，开放3338台（套）科研仪器设备数据。

可以看到，这里以松山湖科研机构、大学为主，平台设置的背后是，希望各类科技型企业积极利用平台来开展科学研究和技术研发，并以科研仪器设备共享为契机，加强与高校院所对接，提升自身技术水平。

在科技创新专项基金层面，松山湖从地域和主体等多方面着力破除资金自由流动障碍，使资金要素充分参与市场配置。促进科研资金在粤港澳区域高效聚集与融合，借助新一代互联网、量子计算、大数据、人工智能、智慧城市、5G移动通信技术等相关国家重要科研项目，推动与大湾区其他区域科技部门和科技企业、机构互联互通，以此为契机设立更多科技投资基金。健全研究平台多元参与的投入制度，争取国家有关科技计划投入支持，强化建设主体责任，引导多方出资建设。尽快解决研究经费的跨境障碍问题，进一步完善国家科研项目经费过境使用等规则。[15]

在探索省市区联动方面，松山湖每年安排1500万元支持粤莞联合基金扩大规模，联合广东省科技厅、东莞市科技局为科研人员创造更多资助立项的机会，提升园区基础与应用基础研究水平。目前，粤莞联合基金项目已开放申报。此外，在发挥大科学装置集聚独特优势上，每年安排500万元设立开放课题；支持企业开展基础与应用基础研究上，每年评选择优给予最高200万元资助；对于发表国际高水平源头创新成果的科研人员，也将获得最高奖励10万元。

作为探路新一轮区域统筹发展的先锋，松山湖功能区尽显"闯将"本色，在发展规划、区域开发、招商引资、重大项目建设和政务服务效能五大领域强化功能区统筹发展，"一园九镇"的新组合，齐心协力摸索出众多改革实践，"1+9>10"的功能区发展共识得到越来越多企业和市民的认同及支持。

4. 互助互补的企业生态联盟

从区域的共振到社会发展细胞的共振，松山湖功能区成立企业家联盟，带动企业同步参与。联盟内聚集了很多优质的企业家资源、先进的技术资源和服务资源，可以为企业和项目赋能，创造更多经济效益和社会价值。

这里值得一提的是"中国园宇宙产业联盟"，该联盟发展构想是通过平台服务模式凝聚行业优质服务资源，以更独特的产业视角、更专业的把控能力、更完整的服务体系为园区和企业提供全链条高品质服务。会员单位亦可在平台共享问题咨询、项目对接、技能培训、融资对接及学习交流等服务，促使企业资源横向协同、纵向互补，进一步巩固和完善上下游供应链关系和服务能力（见图5-3）。

在产业地产行业和园区发展过程中，中国园宇宙产业联盟成为服务型平台组织，致力于以生态链接为驱动，以企业组团发展为核心，积极推动传统服务模式的变革，致力打造产业生态协同运营服务体系，有效促进行业间、区域间服务要素与其他要素的整合利用，有利于重塑产业链、供应链、价值链，优化资源配置，引领产业集群协同发展。

5. 融入粤港澳大湾区产业生态

当今世界，新一轮科技革命和产业变革蓬勃兴起，全球产业链供应链加速重塑，国际国内区域竞争日趋激烈。作为东莞推进广深港澳科技创新走廊建设的重要战略平台，松山湖功能区地处粤港澳大湾区东岸核心位置，以松山湖国家高新区为创新核，以九镇强劲的产业支撑为基础，日益成为东莞创新能量的"策源地"、统筹发展的"探路者"、对接粤港澳大湾区的"核心引擎"、粤港澳大湾区未来的"科创明珠"。

近年来，深圳的产业外溢效应加速显现，凭借地缘、产业配套、城市环境等优势，东莞成为深圳产业转移首选地。与20世纪90年代相比，深莞产业合作

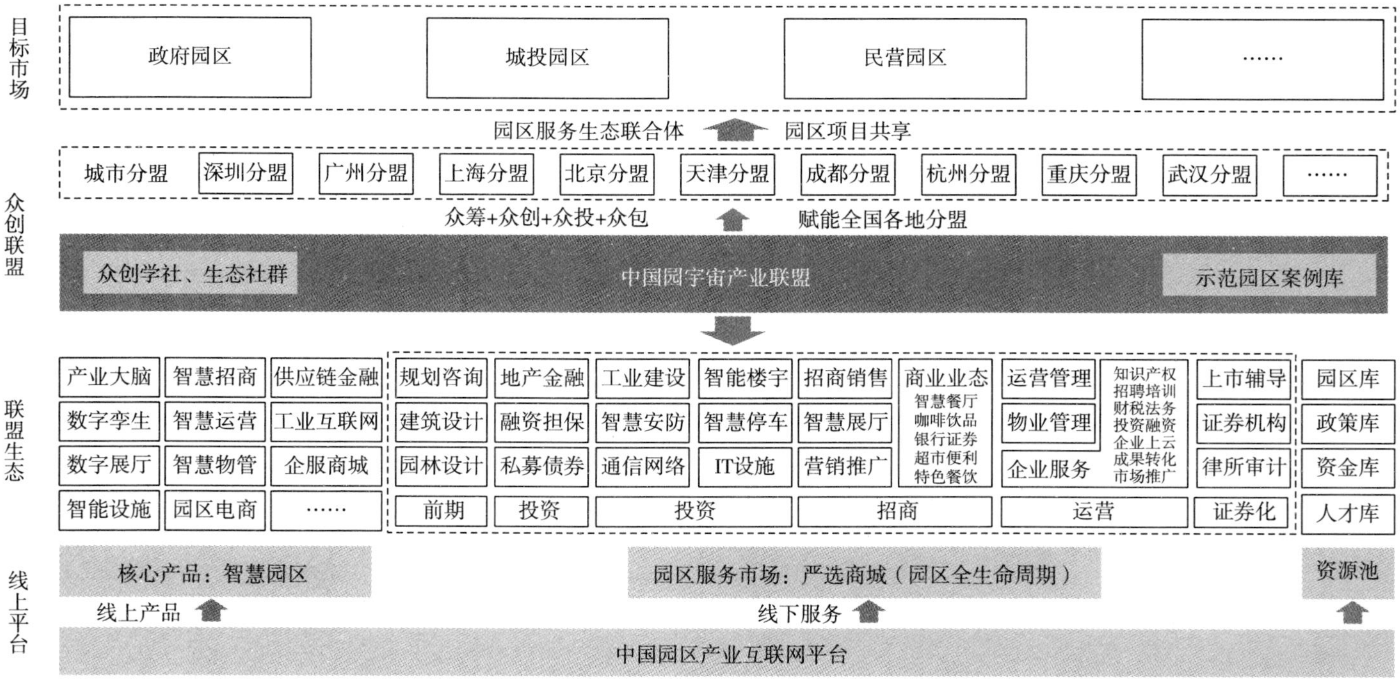

图5-3 中国园宇宙产业联盟服务体系

资料来源：赢城园宇宙产业联盟平台。

呈现出截然不同的面貌：企业主体形态从中小企业演变为大型企业、产业链位置从低端迈向高端环节、产业分布从传统产业转变到新兴产业。

2020年9月，东莞市委十四届十一次全会审议通过《关于进一步完善区域协调发展格局推动南部各镇加快高质量发展的意见》（以下简称《意见》），而松山湖科学城成为其中的关键词之一。《意见》提出，大岭山、大朗、黄江携手松山湖科学城加快建设大湾区综合性国家科学中心先行启动区，同时推进南部各镇内畅外联的综合交通体系建设，加快推进与深圳轨道交通、高快速路、市际连接路及跨市公交的联通衔接，并通过松山湖科学城探索与深圳共建深莞深度融合发展示范区。

东莞松山湖科学城与深圳光明科学城可谓紧密相连。瞄准世界一流科学城的深圳光明科学城，建设步伐再提速。2021年3月，《深圳光明科学城总体发展规划（2020—2035年）》（以下简称《规划》）正式发布。《规划》对光明科学城建设明确了时间表和任务图：至2022年底，综合性国家科学中心核心框架基本形成。在建和运行的区域性装置设施达到7个，完成1~2个国家重大科技基础设施布局并开工建设，重大科技基础设施建设运营体制机制取得突破，中山大学深圳校区、中国科学院深圳理工大学等研究型大学和机构投入运营，深圳湾实验室基本完成综合性公共技术研究平台建设。展望2035年，初步建成具有全球影响力的科技和产业创新高地。

如今，华为、OPPO、vivo等一大批企业已经在深莞两地跨城布局。正如著名经济学家张五常所说："深圳将会超越硅谷，因为硅谷没有东莞这样水平的制造业承接基地。"中国综合开发研究院旅游地产研究中心主任宋丁表示，随着经济成长内涵和模式的变化，深莞两城的经济互动开始加强。深圳对东莞智造的依赖性越来越强，未来深圳超越硅谷，成为全球性的科技创新研发中心，显然离不开东莞强大的"智造"能力。

参考文献

［1］王缉慈．创新的空间：产业集群与区域发展［M］．北京：科学出版社，2019.

［2］覃成林．发展中国的区域经济学［J］．区域经济评论，2021（4）：19-22.

［3］迈克尔·波特．国家竞争优势［M］．李明轩，邱如姜，译．北京：华夏出版社，2002.

［4］Porter M E. Clusters and the new economics of competition［J］. Harvard Business Review，1998，76（6）：78-83.

［5］陈志红．国家级高新技术产业开发区发展中的政府职能定位研究［D］．中南大学硕士学位论文，2010.

［6］科学技术部火炬高技术产业开发中心．中国火炬统计年鉴［M］．北京：中国统计出版社，2020.

［7］袁晓辉．科技城规划：创新驱动新发展［M］．北京：中国建筑工业出版社，2017.

［8］王楠，王凡，曹方．世界四大科学中心成果转化与产业发展借鉴［R］．上海：澎湃研究所，2022.

［9］关俊稳．新时期对科学城和科技城的新要求及发展比较分析

［Z］. 2021.

　　［10］朱荣远. 松山湖：一个时代的设计集群［Z］. 2017.

　　［11］松山湖融媒体中心. 产业布局：发挥龙头企业创新带动作用［EB/OL］.（2021 - 11 - 24）. https：//mp. weixin. qq. com/s/EyEADFhNaX9p8U＿L＿4V6YA.

　　［12］Season. 产业前瞻：国内产业园发展困局及对策［EB/OL］.（2022-06-23）. https：//mp. weixin. qq. com/s/7-gmHHwAkexSKF9yFMD2＿Q.

　　［13］廖冰武. 粤港澳大湾区背景下东莞产业结构定位：基于区域竞合关系分析［J］. 产业创新研究，2019（9）：19-20.

　　［14］张莉杰，姚荣伟.“小城市”也能打造“高光”科学城？YES，WE CAN［R］. 上海：上海华略智库，2022.

　　［15］韩永辉，赖嘉豪，麦炜坤. 粤港澳大湾区建设世界级产业集群与提升全球价值链能级研究［J］. 城市观察杂志，2022（1）：34-39.

后 记

最近几年，科学城成为一个热门话题。深圳、广州、苏州、重庆等城市也都在建设科学城。什么是科学城、科学城有哪些发展模式、科学城必须具备哪些要素、如何建设科学城还需持续探索。

放眼当下，松山湖大开发、大建设的序幕已经如火如荼。以科学城为高地，松山湖正掀起新一轮建设高潮。如今的松山湖，更像是一个后来居上的特别样本，有高屋建瓴的站位，有辐射湾区的使命，也有会聚英才的能力。

时代选择了充满活力的松山湖，而松山湖也肩负起了时代的光荣使命。作为一座以科技创新为发展底色的城市，20 多年来松山湖实现了由"园"到"城"的转变，初步形成一流大科学设施、一流企业、一流机构、一流大学、一流人才"五个一流"高端创新要素加速集聚的良好发展态势，成为东莞、广东乃至全国的重要创新腹地。从渔舟唱晚的自然胜景到华为等龙头企业的云集，从新型研发机构的集聚发展到中国散裂中子源等一批大科学装置源头创新的引擎发动……20 多年来，松山湖牢牢扭住科技创新这个"牛鼻子"，以一张蓝图绘到底的战略定力为松山湖科学城的科创宏图奠定坚实基础。

一座成功的城市需要"天时、地利、人和"。松山湖的成功离不开粤港湾大湾区的创新土壤、大科学装置的历史机缘和管理者的持续用心经营，正所谓"时光不语，静待花开"。

王玉祥

2022 年 12 月